神林先生の浅草案内（未完）

神林 桂一

浅草
弥生

SINCE 1876
LAGER BEER
サッポロラガービール

食品衛生責任者
うるめ
げそやき
出雲やき
板わさ
鮪ぶつ
みそ豆
みりんぼし
鮭
新
らっきょ

はじめに。

神林桂一さんは、都立浅草高等学校、国語科の教員でした。教員生活43年。その年数よりも長い年月、飲み歩きと食べ歩きを趣味としていました。栄養士だった母親の影響で、幼い頃から食に興味を持って育ったようです。

情報収集のために、書籍、雑誌、情報番組、グルメサイト、さらには個人ブログまでを隈なくチェック。さらには、自転車でランチに繰り出しては、新店開業の気配に敏感に反応し、酒場の店主や客との会話からも生きたネタを仕入れます。一元的な情報に頼らず、実際に訪ねて、食べて、飲むことで、神林先生の情報は蓄積されていきました。

２００４年からは、『ミニコミ』と称した新聞を発行し始めます。愛機のワープロ「文豪」のキーボードを叩き、わら半紙に刷り出したペラ一枚の食べ歩きランキング表です。職場の若い先生や同僚たちに、浅草の深き食文化を知ってもらいたいと思ったのが、きっかけでした。ランキングといっても、載っているのは神林先生の偏愛店ばかり。どの店も違って、どの店もいい。だから順位は、テーマによっても、その時々の独断で変動することが多分にありました。

この本は、37号にわたって発行した『ミニコミ』より「浅草ランチ・ベスト100」「ひとり飲みの店ランキング」を元にした『dancyu WEB』での連載「観光客の知らない浅草」に登場する神林先生が足繁く通った店を紹介しています。連載時、「先生の記事を見て、若い女のお客さんが来てくれたんだよ」なんて、店の方に声をかけられると、本当にうれしそうでした。

これからますます意欲的に飲んで、食べて、さらには情報発信を、と意気込んでいた矢先の2020年8月24日、神林先生は突然、この世を去りました。『神林先生の浅草案内（未完）』は、神林先生の飲み歩き&食べ歩きの更新されることのない途中経過の記録であり、店へのラブレターであり、浅草の食文化が垣間見られる教科書の一編であり、観光客の知らない浅草を知る案内でもあります。

神林先生の愛した浅草に足を運んでもらえたら幸いです。

神林先生の浅草案内（未完）

目次

目次

神林先生の浅草案内（未完）

はじめまして、神林です。

神林桂一と申します。64歳。都立浅草高等学校で国語の教員をしています。生徒からの呼び名は「かんちゃん」（下町の生徒たちはフレンドリーです）。

下町の勤務が多かったこともあり、浅草を中心に「食べ歩き・飲み歩き」を続けてきました。その体験をもとに、僕はミニコミをつくり、職場に配っています。僕が通う浅草高校は、定時制高校の統廃合でできたところで、朝、昼、夜と三部制で授業を行っています。だから教員の数が多く、若い先生がたくさんいます。彼らが飲みに行くのはチェーン店ばかり。せっかくいい個人店が多い浅草にいながら、もったいない！　と、独断で推薦店のランキング表をつくってみたのです。ミニコミに添えている僕の似顔絵は、生徒が描いてくれたものです。

ミニコミは地元の飲食店でも話題となって、幸運にも月刊『ｄａｎｃｙｕ』の編集部の目に留まり、２０１８年5月号「美味下町。」特集で４ページにわたって紹介していただきました（この号は名作です！）。

毎年2月に開催する「浅草観音裏 酔いの宵」という飲み歩きイベントがあります。期間中は、参加店約90軒が、１フード＋１ドリンク＝１０００円のメニューを用意するので、初めての店にも気軽にトライできます。２０１９年には、10日間に74軒を制覇してチャンピオンに。２０２０年もチャンピオンとなり、賞金１万円と名前入りジョッキを獲得しました。体重も４kg増えましたが。

僕は、飲み歩き、食べ歩きをするとき一人が多いのは、店の人や居合わせたお客さんと話したり、日常だけど日常じゃない時間が過ごせるから。それは僕にとって、最高の人生の学び舎なんです。

ここで紹介しているお店の数々は、あくまで僕の偏愛店です。僕はこう思うけど、あなたはどう思う？　という投げかけです。同じ感想じゃなくていいんです。懐深い浅草で、どうぞ、あなたの偏愛店を見つけてくださいね。

２０１９年４月27日　神林桂一

浅草ランチ・ベスト26/100

決定版！

「浅草にいる間に絶対行くべき店 決定版！」「浅草周辺ご飯物ランキング」「浅草周辺肉類ランキング」など、職場で「教務部福利厚生係」として不定期に発行しているミニコミも、16年を経て、35号を迎えました。浅草の飲食店・飲み助の間でも、結構知られる存在になりました。『ｄａｎｃｙｕ ＷＥＢ』での連載もです。

「浅草ランチ・ベスト１００」は、ミニコミ3枚綴りに１００店を選出。愛車にまたがり、勤務時間前に浅草の隅々までランチを食べ歩きました。浅草エリアで、今までランチを食べた店の数は７０８軒。「観光客の知らない」ランチを中心にお届けします。

浅草という街、特に観音裏は、古い店と新しい店が混在していて、入りづらい店でも、一度打ち解けると受け入れてくれる居心地のよさがあります。老若男女、外国人も観光客もいて、まさに「人の森」。そして、いろいろな人を受け入れてくれる懐の深さがあります。

　さて、望洋とするくらい多様な浅草飲食店を整理するべく、お店のジャンルは、「麺類」（ラーメンもスパゲッティも蕎麦も含む）、「肉料理」「居酒屋ランチ」「喫茶・カフェ」「カレー」「土日祝のみ」「西洋料理・洋食」「中華・韓国」「食堂・甘味」「ご飯物・丼物」「和食」に分別。各ジャンルを網羅しつつ、厳選の26軒を紹介します。

　おっと、「飲み倒れ」が専門の僕。時に昼飲み、時に夜の部の情報も入りがちです。どうぞお楽しみに。

２０１９年12月3日　神林桂一

マークの見方	
★	2019年10月の消費税10％への増税時に値上げなし
歴	創業からの長い歴史、継いできた伝統がある
味	料理の味がよかったり、食材選びに心を砕いている
人	女将や大将など、お店の人が魅力的である
雰	店の佇まいや店内に、渋くて落ち着いた雰囲気がある
独	店の存在感やメニュー構成に独自性がある
女	女性に推薦したいポイントがある
C	コストパフォーマンスに優れている

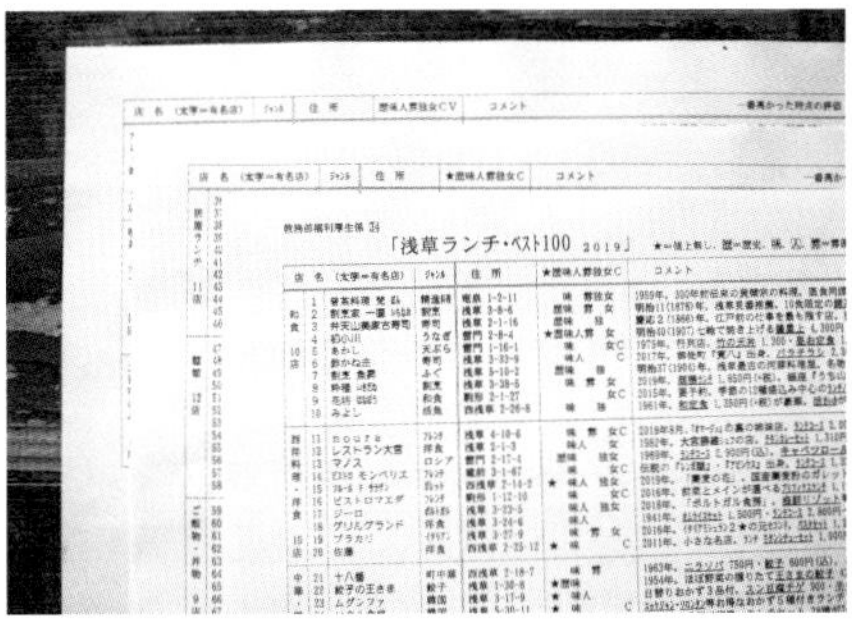

麺類部門	
店名	**焼鳥 トリビアン**
ジャンル	焼鳥
住所	東京都台東区浅草3-35-12
電話番号	03-5808-0327
ポイント	味 人 C
コメント	2012年開業。「バードランド」出身。過去にミシュランのビブグルマンに選出。夜の〆の中華そば800円。ランチのミニそぼろ丼300円。

スープは、契約農場から
丸鶏で仕入れている
甲斐路軍鶏の
雄鶏のガラを贅沢に使い、
ほかにはねぎなどを
少し入れるだけ。

右ページ／肉中華そば1000円。豚&軍鶏胸肉のチャーシューが競演する堂々たる風格。**左ページ**／「丼は持ち上げて。スープは残さず味わいます」。

浅草ランチ案内の記念すべき一軒目はラーメンに決めた。次々に新しい味が登場するラーメン業界だが、長年君臨してきた醤油豚骨系や魚介豚骨系の濃厚なラーメンが飽きられ、ここ数年は昔ながらの中華そば・清湯《チンタン》系に回帰してきている。これは、我々「昭和からのラーメンマニア」(以後「ラーメンオヤジ」と称しましょう)にとっては朗報だ。苦節十数年、やっと我々の時代が戻ってきたのだ(感涙)! ちなみに、1958年に「日清チキンラーメン」が発売され大ヒットするまでは、醤油ラーメンは「中華そば」と呼ぶのが一般的だった。

浅草の新店も「田中そば店」(喜多方ラーメンがベース)、「中華ソバ ビリケン」(鴨だし)、「凪」(煮干し)と中華そば店が目立つ。そんな中でラーメンオヤジが選ぶ**「浅草ラーメン屋四天王」**は、すべて中華そば。

①**「麺 みつ井」**……店主は、今回の「浅草ランチ・ベスト100」にランクインの「麺や七彩」出身。

②**「来集軒」**……1950年開業。ラーメン発祥の地である浅草を代表する老舗。

③**「自家製麺 伊藤」**……秋田県角館の「自家製麺 伊藤」がルーツ。

④**「浅草名代らーめん 与ろゐ屋」**……浅草で四半世紀以上にわたって愛される、和風醤油らーめんの老舗。

しかし、僕が選ぶ至高の一杯は、この中にはない。今回紹介するのは「焼鳥トリビアン」の〝中華そば〟なのだ(ラーメン専門店の皆さん、ゴメンナサイ)。

「焼鳥 トリビアン」の大将は、高級焼鳥店、東京・銀座「バードランド」(『ミシュランガイド 東京2010』にて焼鳥店として日本初の一つ星を獲得)出身。過去2回『ミシュランガイド』の「ビブグルマン」(コストパフォーマンスがよくてお薦めできる店)に選出されている。

大将の半田聡さんは「バードランド」で9年間修業し、2012年に浅草に店を出した。浅草観音裏に飲みに来たときに、偶然、今の物件を見つけたのだという。当初の〆メニューは「バードランド系」不動の四番打者〝親子丼〟だ。そして、丸鶏を使用している店は、やはり〆の鶏スープが旨い。

あるとき、客の一人がそのスープを味わいながら「これに麺を入れたら?」と提案した。しかし、単に鶏スープに麺を浮かべただけではおいしいラーメンにはならない。それまでラーメンに興味がなかった大将は、そこから研究に没頭。味に妥協を許さず徹底的に追究し、福島・白河「とら食堂」、新潟・長岡で食べ継がれてきた「青島食堂」、神奈川・湯河原「飯田商店」などにも遠征している(ラーメンオヤジも大好きな店ばかり)。なかでも昔からのお客さんでもあった「饗《もてなし》 くろ㐂《くろき》」には一から手ほどきを受け、多くを学んだという。

スープは、契約農場から丸鶏で仕入れている甲斐路軍鶏の雄鶏のガラを贅沢に使い、ほかにはねぎなどを少し入れるだけ。軍鶏は筋肉質で脂は少ないのだが、鶏足《もみじ》を多く加えることにより、スープにコクと濃度が生まれている。これを一晩ねかせて使用する(煮こごりになります)。以前は麺まで手打ちしていたが、小麦アレルギーになり断念したそうだ。

こう書いてくると、焼鳥屋にありがちな近寄りがたいオーラを放つオッカナイ店主を連想されるかもしれないが、あにはからんや、「トリビアン」というオチャメな店名にぴったりの気さくで楽しい大将なのであった。

「焼鳥 トリビアン」がランチで中華そばを始めたのは2018年から。目黒出身の大将が「地元浅草の人たちへの感謝の気持ち」で始めたので、儲け度外視だし、オフィシャルページなどにも宣伝は一切していない(この原稿を書いている2019年現在、全国5万件の情報を誇る「ラーメンデータベース」にも未掲載)。夜は22人まで入れる店だが、昼は仕切りを立て、入り口近くの6席に限って営業する。そのため、夜の部でスープが出すぎるとランチの杯数が減ったり、臨時休業になったりするので悪しからず。

僕は中華そば800円よりも〝肉中華そば〟1000円が超お薦め。豚肩ロースのチャーシューのほかに、軍鶏の皮付き胸肉が3枚ものるのだ。何という贅沢! 食後の満足感も比類ない極上の一杯である。外せないのがサイドメニューの〝ミニ親子丼〟。「バードランド」ではコースの〆でしか味わえない伝説の味が、な、何と300円! おいしすぎます。太っ腹です。

ここでラーメンの食べ方について物申したい。ネット上で若い女性の「レンゲも使わずに丼を持って食べている無作法なオジサン」などの書き込みを目にする。無知蒙昧! 屋台発祥の丼物は抱え込んで食べるのが本来の姿だ。ラーメンオヤジの若い頃は、丼を置いたまま食べることのほうが「犬食い」と言われ、日本食のマナー違反とされていたのだ。

レンゲに麺をのせて食べる、これは中国流の食べ方だ。そもそも1980年代まではレンゲはワンタンや味噌ラーメン（ラードの膜、挽き肉、コーンなどを食べやすくするため）には付いていても、醤油ラーメンでは一般的ではなかったと記憶する。ちなみに老舗のラーメン店では「レンゲください」と言うと嫌な顔をされることもあるのでご注意を。日本蕎麦もラーメンも、麺をスープや空気とともに豪快に啜り上げることによって鼻腔と口腔内にその旨さが広がるのだ。

それから、麺は途中で噛み切らない！　ラーメンの長さは啜り込むのにちょうどよい長さにつくられているのだから。今さらレンゲを否定する気はない。でも、少数派に転落したラーメンオヤジが麺を啜る美学を貫き続けている姿を、どうか温かい目で見ていただきたい。

右ページ／店主の半田聡さん。快活でチャーミングな笑顔が印象的。**左ページ**／ミニ親子丼300円。「ミニ」といいながら卵1個半を使うボリューム。とろとろの卵と弾力ある軍鶏。タレのしみたご飯も◎。

本日のお会計	
肉中華そば	1000円
ミニ親子丼	300円
ミニサラダ	300円
計	1600円也

右／店に入ったら、まず食券を購入。トッピングが多彩でラーメン店的？　下／断トツの人気を誇るカルボ中。麺が400gで800円。

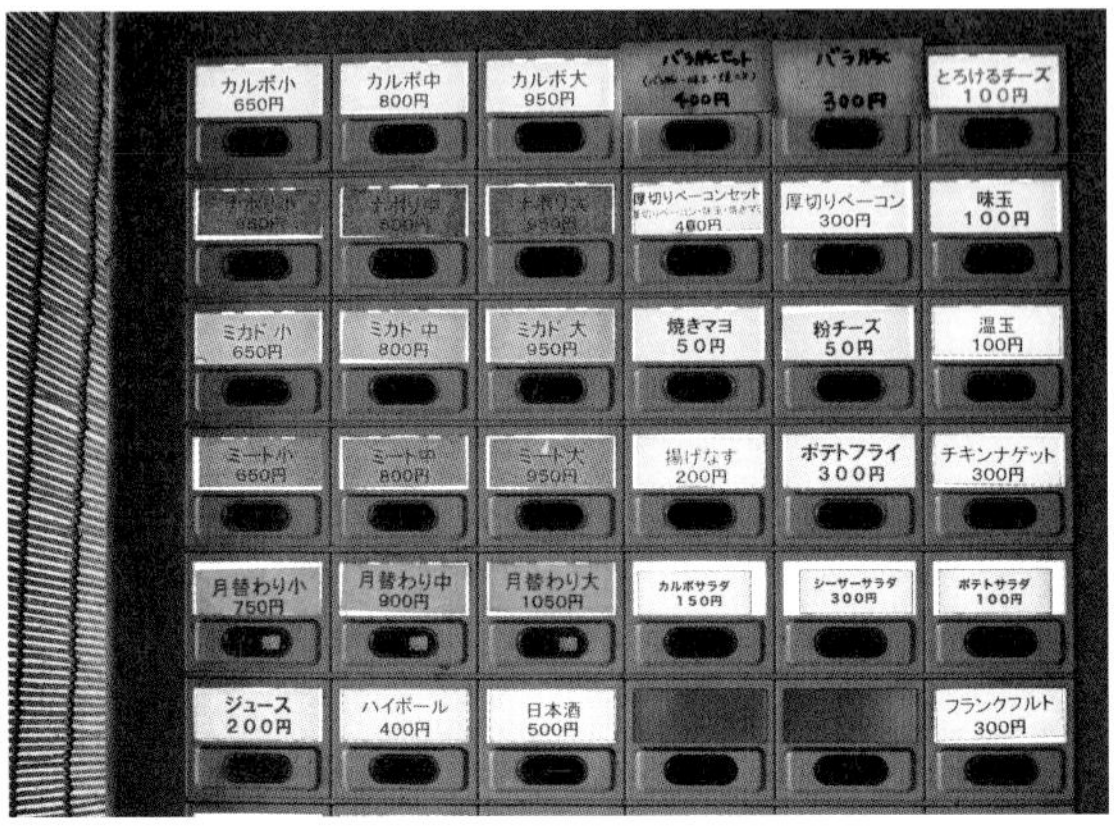

麺類部門	
店名	**スパゲッティストア カルボ**
ジャンル	ロメスパ
住所	東京都台東区浅草3-42-6
電話番号	03-5603-0203
ポイント	独
コメント	2010年開業。カルボ・ナポリなど小200g650円、中400g800円、大600g950円。特盛800g1150円。山盛り1000g1350円。

ロメスパは、
戦後日本発祥の
ゆで置き麺を
炒める伝統を守りつつ
進化した東京発祥の
「ご当地麺」である
といっていいだろう。

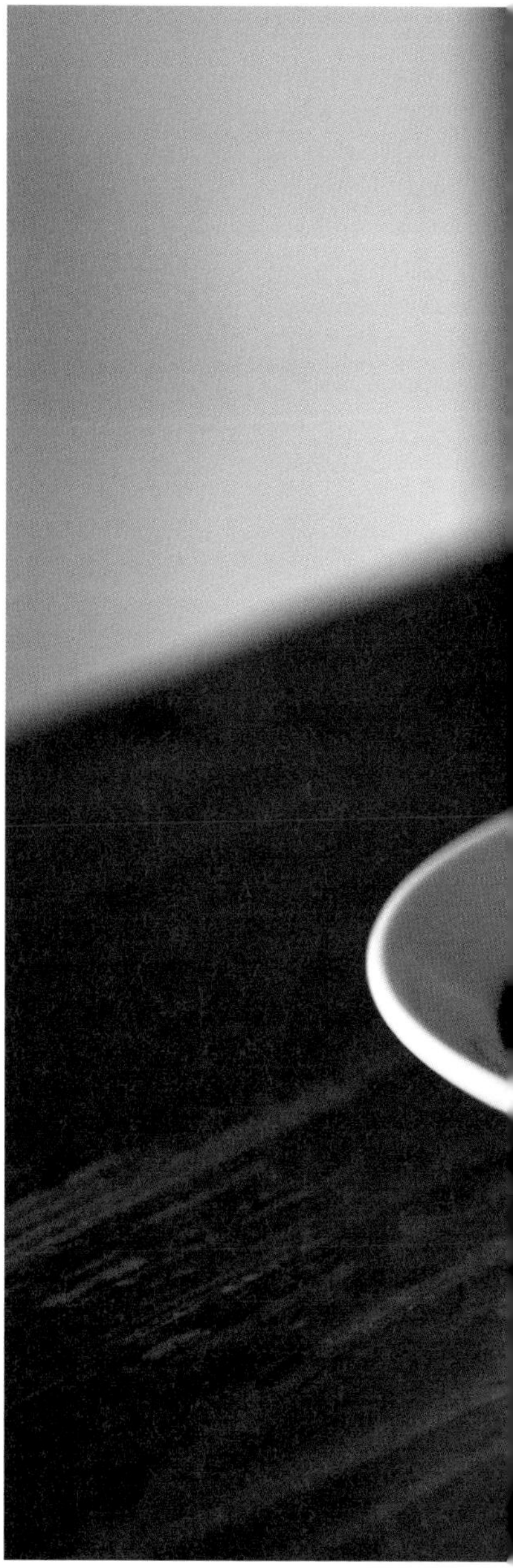

麺類の二軒目はスパゲッティ、それも「ロメスパ」だ。ロメスパとは何かを知るには、まず「路麺」について語る必要がある。

路麺とは「路傍の麺」の略で、大手チェーンではない立ち食い蕎麦のことを指すネット生まれの言葉だ。「立ち食い」と言いながら椅子を導入する店が主流となってきているなか、都合のいい、気の利いた呼び名だと思う。実は、僕は麺類の中では最も頻繁にお世話になっており、チェーンも含めると今までに153軒食べている。そんな僕が選ぶ**「浅草路麺四天王」**は次の通りだ（残念ながら酒類は置いていない）。

①**「山田屋」**……「浅草ランチ・ベスト100」に選出。ゲソ天は最高峰。細うどんやきしめんもある。

②**「ねぎどん」**……店名は「根岸さんがつくるうどん」の略。蕎麦は手打ち。「山田屋」と人気を二分。

③**「峠の蕎麦」**……信州から取り寄せる生蕎麦を使用・蕎麦と牛スジどて煮丼のセットが人気。

④**「文殊」**……浅草地下街入り口にある、椅子も壁もないリアル立ち食い。両国に本店がある。

本題に戻り「ロメスパ」だが、これはご想像の通り「路麺のスパゲッティ」だ。注意すべきは、あくまで「スパゲッティ」であって「パスタ」ではないということ。イタリアにはスパゲッティのほかに、太さによってカッペリーニ、フェデリーニ、スパゲッティーニといった種類があることは、もちろん知っている。

だが、ここで「昭和からのスパゲッティマニア」（以後「スパゲッティオヤジ」）が言わんとしているのは、80年代後半・バブル期の「イタメシ」ブームで広まった「アルデンテ」のパスタではなく、戦後日本発祥のゆで置き麺を炒める「ナポリタン」などのスパゲッティのことだ。スパゲッティオヤジの時代には、洋食店でも喫茶店でもスパゲッティと言えばこれだった。ロメスパは、この伝統を守りつつ進化した東京発祥の「ご当地麺」であるといっていいだろう。ロメスパの定義は次の3点だ。

①ゆで置きスパゲッティをフライパンで炒めて提供する。待ち時間の短縮という面もあるが、手抜きではなく、独特のモチモチ感を出すためにわざとそうしているのだ。

②極太麺を使用する。ボリューム満点。細麺では物足りない。

③デカ盛りが可能なこと。麺の量が増えても、提供時間に差は出ないため。

ロメスパは9軒食べているが、**ロメスパの横綱**（残念ながら酒類は置いていない）と言われるのは次の2店だ。

①大手町「リトル小岩井」……１９７２年開業の元祖ロメスパ。女性はほとんど持ち帰り。

②有楽町「ジャポネ」…………１９８０年開業。ロメスパの聖地で、ほぼ男性客。３５０～１１００ｇ。

「カルボ」は２０１０年開業。２０１７年には雷門1丁目に2号店を出した。浅草のオーセンティックバー「ＦＯＳ」（２００１年開業）も手がける森崇浩《たかひろ》さんがオーナーだ。観音裏の古民家バーとロメスパ。懐の深い人物だ。

メニューは〝カルボ〟〝ミート〟〝ナポリ〟〝ミカド（和風）〟〝月替わり〟の5種類。レギュラーの4種にはいずれも隠し味に醤油が使われている。量は小２００ｇ、中４００ｇ、大６００ｇが基本で、通称「山」の１０００ｇまで選べる（ちなみに乾麺１００ｇをゆでると２４０ｇだが、同じ重さに対してゆで置きのほうが麺量は多い）。ゆで麺に油をからませ、一日置いて、よりモチモチ感を出している。

「カルボ」には、ほかのロメスパと違うスパゲッティオヤジ絶賛の個性が五つある。「あいうえお作文」で紹介しよう。

【カ】カルボナーラをメインに。

他店では珍しい。炒めると卵がダマになってしまいがちなのだが、独自に研究を重ねて解消した断トツの人気メニューだ。

【ル】ルーティン（決まった手順）は「焦がす」こと。

よりしっかりとスパゲッティに火

を通すことでカリカリ感を出している。それによって香りも増し、モチモチ、カリカリの食感が楽しい比類ないスパゲッティを生み出した。

【ボ】ボン！と豪快にトッピング。

粉チーズ、焼きマヨ、味玉、バラ豚《とん》など、ラーメン屋のようにトッピングが豊富な点。イタリアでは一般的な「モーリカ」をアレンジした「チーズパン粉」も卓上に常備されている。

【ス】スパゲッティなのにお箸！。

箸が用意されているのがうれしい！　香ばしいカルボのスパゲッティは、焼きそばのように箸で啜り上げるのが最高。

【パ】パパ・ママだけでなく、子供にも人気！。

女性客や、休日は家族連れも多い（オフィス街じゃないもんね）。

店長の髙橋一貴さんは、トッピングで自分好みの味を見つけてほしいという。

「粉チーズダブル、焼きマヨダブル、麺よく焼き」などと、「ラーメン二郎」のような注文ができるようになれば、あるいは、小盛りから特盛り、山盛りまでシチュエーションによって食べ分けられるようになれば、あなたも立派な「カルボニスト」の仲間入りです。

右ページ／カルボに厚切りベーコンセット（厚切りベーコン、味玉、焼きマヨ）400円をトッピング。ラーメン店のようで興味深い。**上**／焼きつけた麺の香ばしさが際立つナポリ中800円。**中**／ミカド中800円は、ベーコン、しめじ、にんにくの芽が入る。**下**／強火でフライパンをあおる。シルエットはまるで中華料理!?

本日のお会計	
カルボ中	800円
計	800円也

きりりと締まったせいろ800円（夜は消費税が加わり880円）。蕎麦粉は北海道産。喉ごしのいい二八で打つ。ランチはおにぎりと小鉢が付く。

麵類部門	
店名	**手打ちそば なお太**
ジャンル	手打ち蕎麦
住所	東京都台東区浅草3-21-3
電話番号	03-3873-3689
ポイント	味 雰
コメント	2009年開業。午前4時まで（コロナ禍は変更あり）極細の手打ち蕎麦が味わえる。せいろ800円。ランチはおにぎり付き。

メニューは、
昼も夜も一日中変わらない。
夜の肴が、
そのまま昼でも楽しめる。
しかも品数が豊富だ。
冬場はおでんもある。

蕎麦屋は、今までに660軒行っている。まず語りたいのは「一茶庵」のことだ。

「一茶庵」は、1926年に新宿で開業。現在は足利に本店を置く。創業者の片倉康雄氏（1904〜1995年）は、機械打ちが当たり前となっていた時代に独学で江戸蕎麦の伝統を復活させ、現在の手打ち蕎麦隆盛の基礎を築いた人物だ。号は「友蕎子《ゆうきょうし》」で「近代蕎麦の始祖」とも「蕎麦聖」とも呼ばれる。蕎麦っ食いにとっては、本当に「一茶庵」様様である。

よく通っていた「鎌倉 一茶庵」が2013年に、「九段 一茶庵」が2016年、「市川 一茶庵」は2017年と、次々と店を畳んだのは寂しいが、「一茶庵」系の蕎麦屋は全国に1000軒を超すとも言われる。弟子の中には、浅草「蕎亭 大黒屋」、駒形「蕎上人《そばしょうにん》」、八王子「車家」、吉祥寺「上杉」（2020年閉店）、立石「玄庵」のほか、蕎麦打ち名人として名高い大分「杵築達磨」の高橋邦弘氏も名を連ねる。

なかでも目立つ勢力としては、「蕎上人」の「手打ちそば・うどん教室」卒業生の約800人、「玄庵」の「江戸東京そばの会」卒業生の約600人、高橋邦弘氏の「翁達磨グループ」の40軒がある（各HPより）。

この本にも登場する「吉原もん」（160ページ）は「玄庵」出身。今回、紹介する「なお太」は「蕎上人」出身だ。

「なお太」は、2009年に今戸で開業し、2013年に現在の観音裏に移ってきた。店主の野崎奈緒さんと店長の三浦誠晶さんが交代で店を守っている。店名は、店主の「なお」＋「太く長く」から（蕎麦のように細くでは困るもんね）。

「なお太」の魅力の一つ目は、深夜まで蕎麦で〆ることができる大変ありがたい点。二つ目は、ランチも夜も、深夜にだって手打ち（二八の細打ち）の江戸蕎麦が味わえる使い勝手の良さ。そして三つ目は、「蕎麦屋の昼飲み」に最適という点だ。

昼飲みと言っても、立ち飲み屋やホッピー通りは白帯、蕎麦屋の昼飲みは黒帯、有段者の世界だ。落ち着いた大人の飲《や》り方で「蕎麦前」を楽しみたい。「蕎麦前」とは本来は酒のことだが、昨今は「気の利いた酒肴で酒を楽しむ」というように意味が広がってきている。

酒肴は、焼海苔、板わさなど種物で使用するもの、蕎麦味噌、店自慢の蕎麦つゆを使っただし巻き玉子などだが、天ぬき（天ぷらそばの蕎麦抜き）も渋い選択。あくまでも酒と蕎麦が主役なので、控えめなものが定番なのだが、無粋なことは言わずに、手をかけた酒肴、季節の酒肴も楽しもう。

昼飲みについては、『孤独のグルメ』（扶桑社）の原作者・久住昌之氏が『昼のセント酒』（カンゼン）の中で語っているように「人が働いている昼間から飲む背徳感と優越感」がたまらない。

そのため、なぜか夜よりも早く酔いが回る気がする（これは体内時計の関係で、昼間はアルコール分解酵素が減るのだとか）。くせになると危ないと思いつつハマってしまいそう。ほどほどにしないと……（自戒）。

しかし、江戸時代は、「早くから飲める人は、それだけ早く仕事ができる人」ということで「粋」な行為とされていたとも聞く。そうだ、前向きに考えよう！

浅草界隈で「蕎麦屋の昼飲み」といえば、まず思い浮かぶのが老舗「並木藪蕎麦」だが、修学旅行生を含め超人気のため落ち着いて飲めない。「浅草ランチ・ベスト100」に入っている「おざわ」は、昼は土日祝のみ。同じくリストアップしている「丹想庵 健次郎」のランチも捨てがたいのだが、『ミシュラン』の「ビブグルマン」に入ったこともある有名店なので

遠慮した。

と言うことで、穴場としてお薦めしたいのが「なお太」というわけだ。

「なお太」のメニューは、昼も夜も一日中変わらない。夜の肴が、そのまま昼でも楽しめる。しかも品数が豊富だ。冬場はおでんもある。浅草は土地柄、昼飲み客が多いという。そのため、日曜は中休みなしの通し営業。じっくり腰を据えて飲めるというわけだ。日本酒も10種類ほど揃うのがうれしい。

ランチ限定メニューはないのだが、蕎麦を注文するとおにぎりと小鉢が付き、しかも消費税なしというお得なサービス！

細打ちなので冷たい蕎麦が店のお薦めで、〝オリジナルのりそば〟など18種類ほどある。

「浅草ランチ・ベスト100」にも入れた、浅草っ子のソウルフード「角萬《かどまん》」の「ヒヤダイ」（冷やし肉南蛮大盛）の影響もあり、観音裏・奥浅草の蕎麦屋には通年で冷やし肉南蛮を置いている店が多いように感じる。「なお太」には、その応用編として〝冷し鴨南〟まである。取材時点ではメニュー表になかったが、裏メニューとして注文できる！

三浦店長は「スキマ産業です」と謙遜なさるが、いやいや。観音裏は午前零時前後に閉まる店が多い。その後もスナックやバーには朝までの店もあるが、しっかり飲食できる店は少ない。そんなとき、最終的に難民たちを収容してくれる救世主が「なお太」なのだ。

オレにゃあ生涯《しょうげえ》テメェという強い味方があったのだ！

イヨッ、なお太！（『国定忠治』浅草大衆演劇風に）

あなたも「困った時のなお太」を、ぜひご贔屓に。

右ページ上／店長の三浦誠晶さん。瑞々しい細打ちの蕎麦を丹精込めて打つ。**右ページ下**／鴨の旨味がしみ出た、冷し鴨南そば1650円（夜は1815円）。たっぷりの水菜もよい合いの手に。**上**／蕎麦に付くおにぎりは日替わり。蕎麦湯も味わえばお腹もよい具合。

本日のお会計	
せいろ （ランチは蕎麦メニューすべてに日替わりのおにぎりと小鉢付き）	800円
計	800円也

肉料理部門	
店名	**金燈園**
ジャンル	焼肉
住所	東京都台東区浅草2-13-1
電話番号	03-3841-8010
ポイント	雰 C
コメント	1964年開業。通称「焼肉横丁」内。キムチ、豆もやし、キャベツとにらのナムルがサービス。

たまには高級店もいい。しかし、ここには毎日通える焼肉屋がある。

焼肉は、今や日本を代表する国民食の一つだ。朝鮮半島からの直輸入ではなく、日本で生まれたものだが、戦前に朝鮮人によって食べられ始めたホルモン焼きが起源だといわれる（プルコギから発展したものではない）。

戦後生まれたホルモン焼き屋の元祖は、川崎「美星屋」、大阪「とさや」だという（佐々木道雄『焼肉の誕生』雄山閣）。

東京都港区の芝浦と場に近い泉岳寺の運河沿いバラック長屋にあった「やまや食堂」は、１９４０年頃から客への提供を始めた都内最古のホルモン焼き屋だったが、２０１３年2月に閉店。初期の焼肉史に残る名店だ。そして、この一帯も２０１５年には山手線新駅建設に伴い、解体されてしまった。一方、最古の焼肉店は新宿「明月館」だといわれている（宮塚利雄『日本焼肉物語』光文社 知恵の森文庫）。

最近の焼肉は「〇〇牛A5ランク」「希少部位」「ザブトン・ミスジ・トモサンカク」などの用語が飛び交い、高級路線が主流となっている。『食べログ』の浅草焼肉ランキング上位に顔を出す肉の仲卸直営店である「肉のすずき」「焼肉ＢＥＡＳＴ」は僕も好きな店だ。

しかし、なんといっても浅草の焼肉は大衆店が素晴らしい！「本とさや」「金楽」「大福園」「大成苑」「金燈園《きんとうえん》」「大和」といった人気店が点在するのだ。

浅草には戦後の闇市が起源のコリアンタウンが2カ所ある。一つ目は、ご存じ「ホッピー通り」（正式には公園本通り商店街）。僕の若い頃には激安の穴場だったが、今はすっかり観光地化してしまった（値段も観光地料金）。

もう一つが、知る人ぞ知る通称「焼肉横丁」（国際通り飲食組合）だ。もとは「国際マーケット」と呼ばれた闇市で、国際通りとひさご通りに挟まれた地区の幅２ｍほどの路地に焼肉屋が密集している。以前は20軒ほどあったが、今は12軒。どこも家族経営のため、後継者不足で減ってしまったのだとか。

僕はその半分の6軒に行ったことがある。個性的な店が集まり、皆それぞれが行きつけを持つなか、僕のイチオシは１９６４年（前の東京オリンピックの年）開業の「金燈園」。以前は青山にも支店があった実力店だ（再開発で閉店）。

少し前までは24時間営業だった。営業時間は変わったが、今でも朝10時から焼肉が食べられ、西原正浩さん、韓正和《かんまさかず》さん兄弟が店を守っている。

右ページ上／細い路地を入ると小体の焼肉店や連なる、通称「焼肉横丁」。**右ページ下**／ランチメニューはない。好きな肉を食べ合わせよう。

「金燈園」は偉い。庶民の味方だ。ランチ定食はないが、一皿800円、1000円が中心。外税なので消費税分の値段は上がっているが、卓上のメニュー表が変色するほど、ず～っと前から定価は据え置き。経営努力に加えて、50年以上付き合いのある業者が協力してくれているからでもある。

　キムチやナムルの小皿がサービスで付くのもうれしい。ランチ利用にぴったりだ。

「金燈園」は旨い。ホルモンも精肉も、業者との信頼関係で優先的に上質の肉を回してくれると聞く。それに鰻のタレのように創業以来50年以上注ぎ足してきているタレが絶品！　長い年月が培った味というものは、昨日今日の店には決して真似できない。

「金燈園」は渋い。歴史を感じさせる店構えに、燻された店内。そして、昔ながらの煙モクモクの卓上ガスこんろ。無煙ロースターとは無縁だ。雰囲気も、煙も、味のうちである。生マッコリも最高だ。

　僕のお薦めは、数量限定の〝和牛 中落ちカルビ〟。このレベルの肉が1100円で食べられるなんて幸せだ。次に名物〝プラチナポーク〟。脂が甘い白金豚《はっきんとん》カルビが990円だ。〝ホルモン三色盛り(レバー・ハツ・子袋)〟880円は、新鮮なモツが神々しく光り輝いている。

　たまには高級店もいい。しかし、ここには毎日通える焼肉屋がある。「焼肉横丁」のことは知らない方々も多いだろう。一見《いちげん》さんだと、店にも、

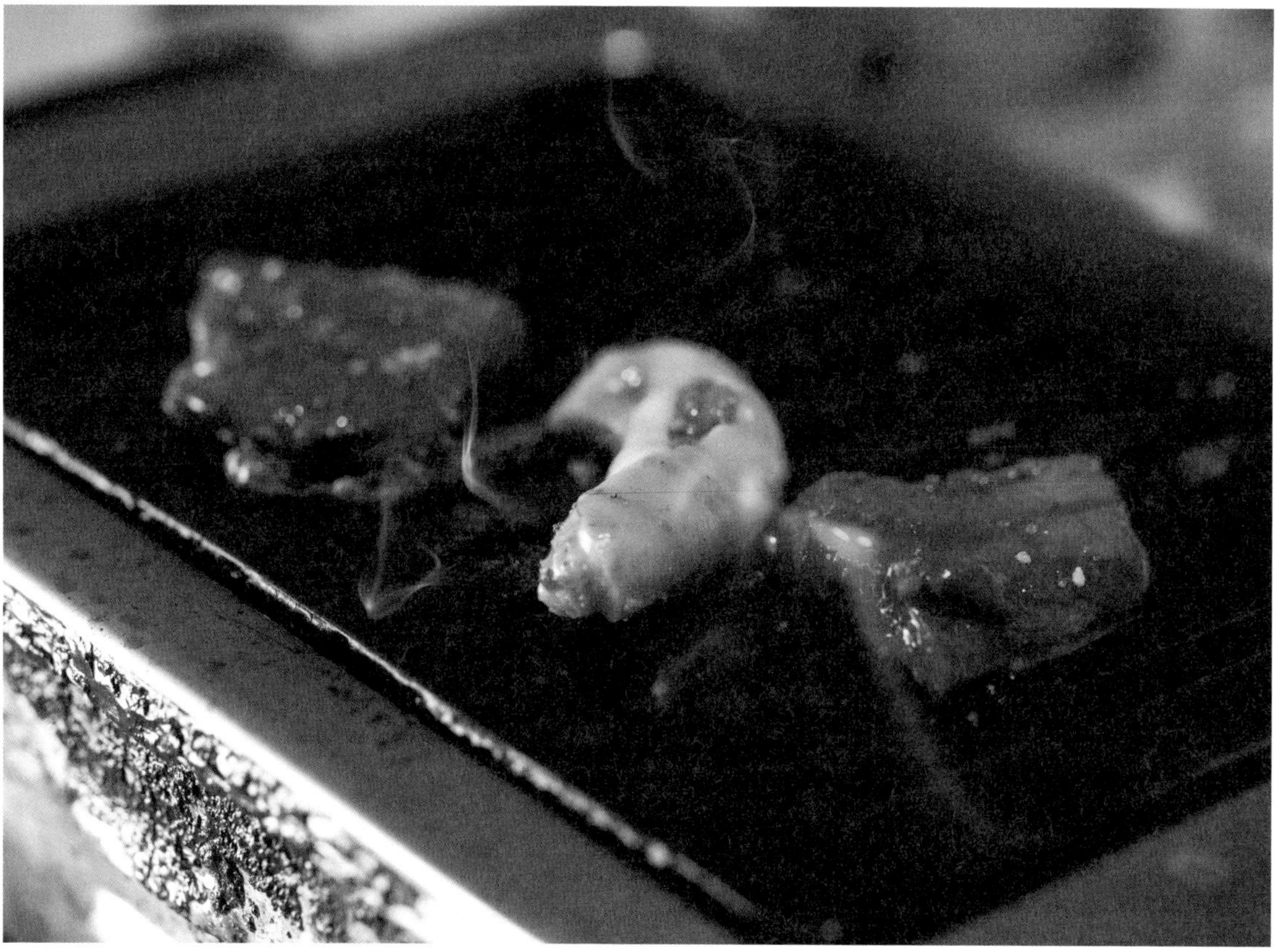

いや路地自体にも入りにくいかもしれない。しかし勇気を出して一歩を踏み出してほしい。そこには至福の時間が用意されているのだから……。
どうです、ここを知らない人は人生で損をしていますよ！　そうそう、ほとんどの店が火曜休みなのでご注意を。

右ページ／和牛 中落ちカルビ1100円。サービスのキムチとナムルと一緒に白飯を呼ぶ。**上**／レバー、ハツ、子袋のホルモン三色盛り880円。新鮮でぷりぷりとした弾力が楽しめる。

本日のお会計	
和牛 中落ちカルビ	1100円
プラチナポーク（岩手産ブランド豚）	990円
ホルモン三色盛り（レバー・ハツ・子袋）	880円
ライス	200円
計	3170円也

肉料理部門	
店名	浅草 とんかつ弥生
ジャンル	とんかつ
住所	東京都台東区浅草3-12-4
電話番号	03-3873-4743
ポイント	味 人 雰 C
コメント	1940年開業。ランチの定食800円～。ランチは火～金曜のみ。夜は金沢の食材を使った一品料理で飲める店に。

とんかつは、
店オリジナルのソースと
一体化してこその
「とんかつの味」。
カツ丼は、
玉ねぎではなく
長ねぎを使う
というつくり方も
祖父以来のもの。

今回は「とんかつ」と「カツ丼」について。とんかつの発祥は諸説あるが、銀座「煉瓦亭」も名前が挙がる一軒である。牛肉をソテーしていたフランス料理のコートレットをアレンジして、豚肉を天ぷらのように揚げて生キャベツ（それまでは温野菜）を添え、「豚肉のカツレツ」として発売したのが1899年のことだ（富田仁『舶来事物起源事典』名著普及会）。同店では、現在も「ポークカツレツ」と呼んでいる。

浅草のお隣の上野は「とんかつの町」といえよう。「トンカツ」という呼び方は屋台発祥らしいが、平仮名で「とんかつ」としたのは上野「ポンチ軒」（東京大空襲により廃業。現在の『ポンチ軒』とは別の店）だという。

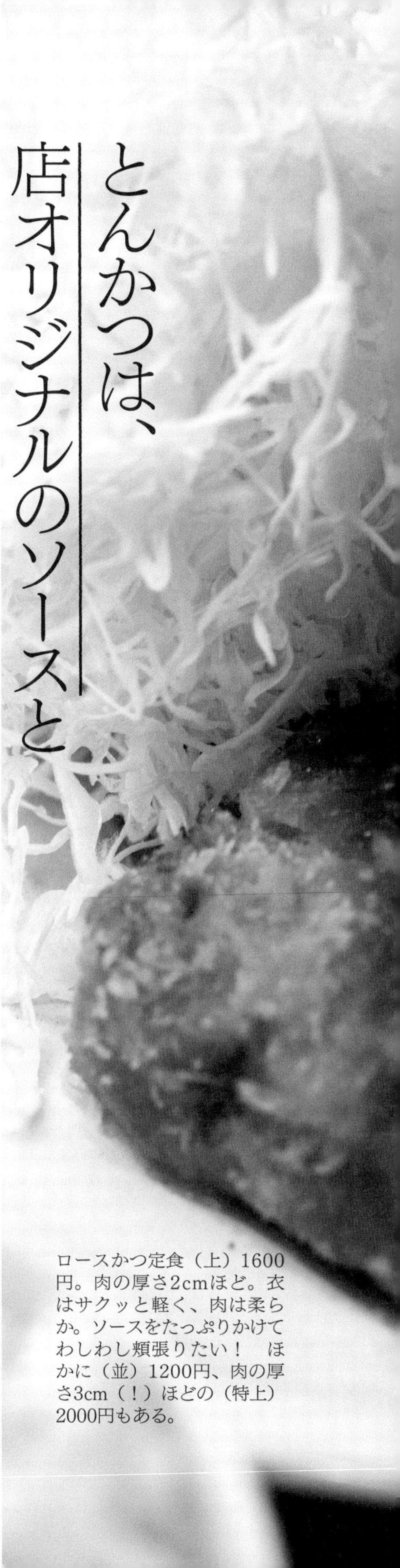

ロースかつ定食（上）1600円。肉の厚さ2cmほど。衣はサクッと軽く、肉は柔らか。ソースをたっぷりかけてわしわし頬張りたい！　ほかに（並）1200円、肉の厚さ3cm（！）ほどの（特上）2000円もある。

これにより洋食から和食化が進んでいく。山本益博氏は『東京・味のグランプリ』（講談社）において、「上野とんかつ御三家」として「ぽん多本家」（ロースカツ）、「蓬莱屋」（ヒレカツ）、「双葉」（閉店）を挙げ、店の人気をさらに後押しした。

とんかつ界でも高級化・ブランド化が広がり、定食２０００円超の店が増えてきた。「浅草ランチ・ベスト１００」に入れた「すぎ田」と、人気を二分する「とんかつ ゆたか」がともに『ミシュランガイド東京２０１９』の「ビブグルマン」に選出されている。

しかし今回は、庶民派の代表として「浅草 とんかつ弥生」を紹介したい。

「浅草 とんかつ弥生」は１９４０年に、現在の女将の米林冴子《よねばやしさえこ》さんの祖父母が開業。１９４５年の東京大空襲で丸焼けになったが、出征していたお祖父さんの帰りを待ちながら、お祖母さんがプレハブで営業を続けたという。

店名は、お祖父さんが弥生3月生まれであること、それゆえ名前が弥太郎ということ、開店も弥生3月というおめでたい由来であることから。弥生は「木草弥《い》や生《お》い茂る月」が語源で、草木が芽吹き育つという生命に満ちたイメージを持つ。これ以上ないという店名だ。

現在の店舗は、２００６年にテレビ朝日『大改造!! 劇的ビフォーアフター』の企画でモダンにリフォームされた。女将さんとお父さんの二人で営んでいたが、お父さんが亡くなったあと、ご主人の雄二郎さんがそれまでの仕事を辞めて店に入った。今では美男美女おしどり夫婦の、賑やかで楽しい店となっている。ことに冴子さんの接客が冴えわたり、老舗旅館の女将のようだと思うのは僕だけだろうか。

米林雄二郎さんと冴子さん夫妻で切り盛りする。

ランチは火曜から金曜のみだが、味もコスパも最高なので近所の常連さん中心に繁盛している。〝とんかつ定食〟800円を筆頭に、定食類が20種類以上ある。

昼はコシヒカリのご飯の大盛りが無料だ。また、伝統の白味噌仕立て、卵とじの味噌汁が旨い。定食屋は、味噌汁の手を抜いていると店全体の印象まで悪くなってしまうものだ。

〝ロースカツ定食〟は肉の厚みによって、〝並〟・〝上〟・〝特上〟の3段階ある。揚げ油はラード100%。ソースは昔から使っているものをベースに手を加えている。なかでも衣にはこだわり、糖分低めのドライパン粉を薄めにまとわせ、黄金色に仕上げている（糖分が高いと焦げ茶色になる）。肉汁たっぷりのロース、サクッと香ばしい衣、絶妙な揚げ具合、オリジナルのとんかつソース、これらが素晴らしい味の相乗効果を生み出している。ちなみに最近は塩で食べることを薦める店もあるが、僕はソースをドバドバかけたい派。店オリジナルのソースと一体化してこその「とんかつの味」だと思うのだ。キャベツもドレッシングなどという軟弱なものではなく、ソースでワシワシ頬張りたい。僕は「とんかつ原理主義者」なのだ（……なんてね）。

夜は居酒屋風の営業をしているため、定食に加えて酒肴40種類以上、酒類40種類以上がメニューに並ぶ。これほどメニューが多いわけは、「お客さんに好きなスタイルで過ごしていただきたい」からだという。家庭的、かつ進化形のとんかつ屋である。

次にカツ丼について語りたい。卵でとじるカツ丼は、1918年に早稲田「三朝庵」（2018年閉店）で誕生したという説が有名だ（それ以前に、やはり早稲田でソースカツ丼が生まれていたという説もある。ネット版『早稲田ウィークリー』の「カツ丼早稲田発祥説を探る」の巻に詳しい）。諸説あるが、総合すると、既にあった親子丼を参考に日本蕎麦屋で誕生し広まっていったようだ。

その出自からか、カツ丼は高級店のメニューにはなく、蕎麦屋、町場の食堂、庶民的な洋食屋などに名品が潜んでいる。これぞ庶民のご馳走だ。

僕が選ぶ**「浅草カツ丼ベスト7」**は次の通りだ。（「かつ」「カツ」の表記はお店の品書きに準じた）

【蕎麦屋代表】………**「二天門 やぶ」**のかつ丼。煮込みが浅く歯ごたえが残る。甘辛濃口。

【洋食屋代表】………**「リスボン」**のカツ丼。香ばしい焼カツをカレー皿に盛り、スプーンで食べる。

【喫茶店代表】………**「ロッジ赤石」**のカツ重。丸い塗りのお重入り。衣が細かく香ばしい。

【居酒屋代表】………**「ニュー王将」**のかつ丼。浅草一の具のボリュームが圧倒的。

【大衆食堂代表】………**「水口食堂」**のカツ丼。重箱を使用。生パン粉に鯖だしのつゆ。

【ご当地代表】………**「三好弥」**の名物・味噌かつ丼。本店が三河出身だったため。

【とんかつ屋代表】………**「浅草 とんかつ弥生」**のかつ丼。肉厚、長ねぎ使用、あっさりつゆだくタイプ。

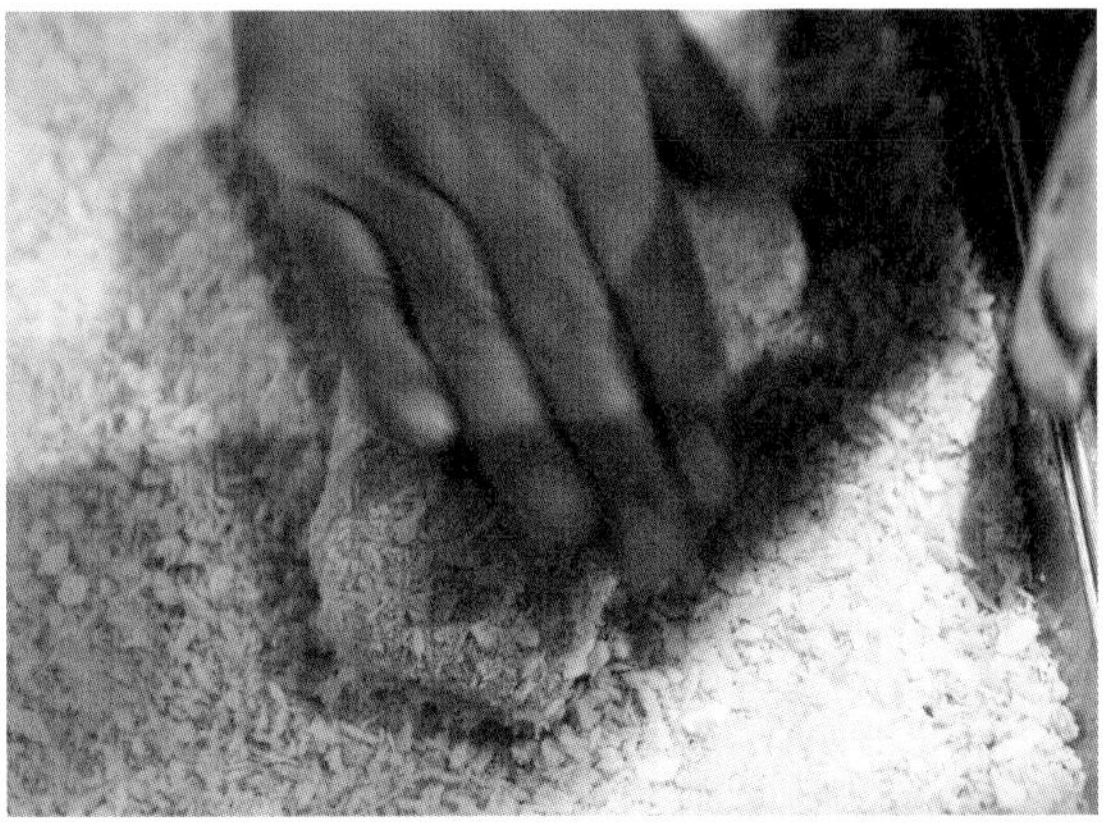

なかでも僕は「浅草 とんかつ弥生」の〝かつ丼〟が大好きだ。まず、女将の祖母が芸者さんの集まりのために特注した丸い塗りのお重が渋い。次に創業からの注ぎ足しという割り下。時間の経過がつくり上げた上品で甘さを控えた、しかしキリッと締まった味は真似のできない宝だ。

そして、肉は〝並〟でも十分な厚みでジューシー、玉ねぎではなく長ねぎを使うというつくり方も祖父以来のもの。まさに80年の伝統の味だ。思わず我を忘れてかっ込んでしまう。これぞ丼物でなければ得られない至福の瞬間なのだ。あなたにも、ぜひこの幸せな時間を味わっていただきたい。

右上／銘柄は決めておらず、長い付き合いの精肉店から状態のよい豚肉を仕入れている。**右下**／卵液にくぐらせる。**左上**／パン粉は糖分低めの軽やかなドライパン粉を用い、ラード100％の油へ投入。**左下**／かつ丼は揚げたてを使い、一人前ずつつくる。**左ページ上**／かつ丼定食（並）1300円は、小鉢、味噌汁、香の物付き。梨子地のようにも見える塗りのお重で供される。玉ねぎではなく長ねぎを一緒にとじるのが特徴的。**左ページ下**／店には厨房に面したカウンター席とテーブル席2卓あり。

本日のお会計	
ロースカツ定食（上）	1600円
計	1600円也

浅草ランチ・ベスト26/100　肉料理部門　☞ **浅草 とんかつ弥生**

肉料理部門	
店名	THE BURGER CRAFT
ジャンル	ハンバーガー
住所	東京都台東区浅草3-17-3
電話番号	03-6324-5741
ポイント	味 雰
コメント	2017年開業。本格的ハンバーガー店。チーズバーガー1200円。バンズは浅草にある実力派・某パン店謹製。

メニューの中で、最もシンプルなスタンダード チェダーチーズ バーガー1200円。バンズをしっかり焼き上げることで、かぶりついたときのクリスピー感、香ばしさを生む！

「引き算の美学」が貫かれている。余分なものをそぎ落とし、ピュアなおいしさを目指しているのだ。

ハンバーグは、13世紀のモンゴル騎馬民族タタール人が筋の多い馬肉を細かく刻んで生で食べていたことに由来する。これがタルタルステーキとしてヨーロッパに伝わり、ドイツのハンブルク地方で刻んだ肉を焼いて食べることが流行する。

この「ハンブルク風ステーキ」が移民によってアメリカに伝えられ、牛肉を使ったハンバーガーと呼ばれるようになる（「ハンバーグ」は和製英語で、アメリカではハンバーガーステーキと呼ばれているのだ！）。

諸説あるが、1904年の「セントルイス万国博覧会」にはパンに挟みサンドイッチ状になったものが売り出され注目されるようになるので、1890年代後半には現在のハンバーガーが誕生していたことになる（アンドルー・F・スミス『ハンバーガーの歴史 世界中でなぜここまで愛されたのか？』スペースシャワーネットワーク）。

今ではファストフードの代名詞的存在となっているハンバーガー。その「にっぽんの夜明け」は、1971年7月20日の「マクドナルド」日本1号店の開店である（実は1963年に沖縄に「A＆W」チェーンが開店しているが、そのとき沖縄はまだ米軍統治下だった。また、1970年にダイエーが町田に「ドムドムバーガー」をつくるが、ダイエー内限定店ということもあり、それほど注目されなかった）。

「マクドナルド」は、銀座三越の1階に小さなテイクアウト専門店として誕生したのだが、銀座通りに面しており、瞬く間に人気店となった。買ったばかりのハンバーガーを食べながら銀座歩行者天国を歩くのがトレンドとなり、当時高校2年生だった僕もしっかり行列に並んだものだ。値段は80円。ビール大瓶1本132円、ラーメン96円の時代だ（東京都『小売物価統計調査』）。

現在は、「マクドナルド」のハンバーガー100円とちょっと、ビール大瓶1本約350円、ラーメン800円ほどなので、当時は高級だったことがわかる。そして、1972年には「ロッテリア」「モスバーガー」も登場する。それ以前もアニメ『ポパイ』の中でウィンピーがハンバーガーばかり食べていたのでその存在を知ってはいた。また、六本木「ザ・ハンバーガー・イン」（1950〜2005年）、横須賀「ハニービー」（1968年）などは、隠れキリシタンのように潜伏していた。

そして、浅草にも「ジロー」（1960年代前半〜2005年）という店があったことをご存じだろうか。現在は「珈琲 天国」となっている渋い店で、かの料理評論家・山本益博氏も「浅草に住んでいたら毎日通いたい」と絶賛した名店だ。

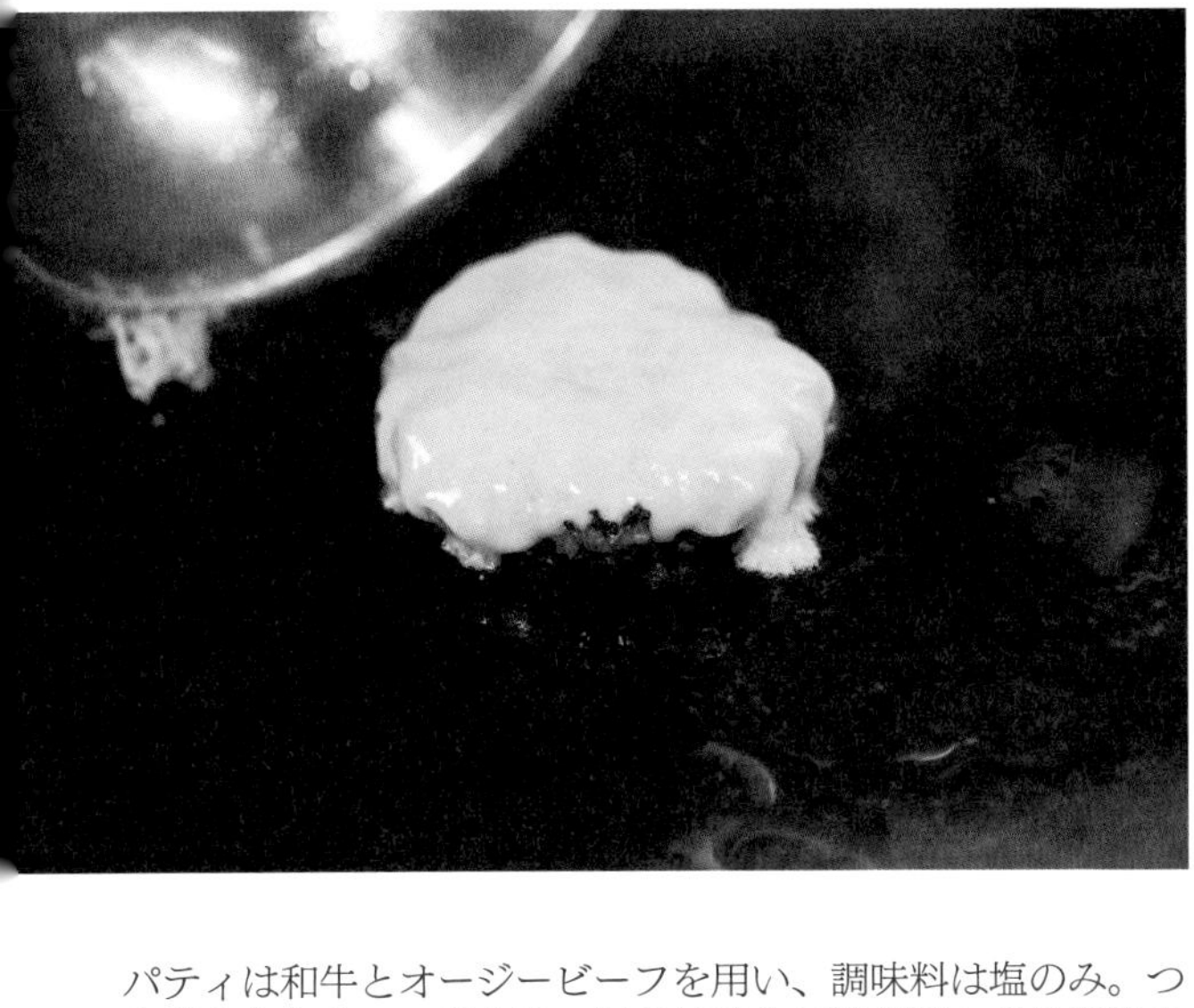

パティは和牛とオージービーフを用い、調味料は塩のみ。つなぎも入れない。和牛は、脂の甘味と旨味が味わえる粗挽きに。オージービーフは、塊肉をダイス形にカットしているため、ゴロッとした食感も堪能できる。片面を７割ほど焼き、焦げ目をつけるのがポイント。バンズは配合物の少ないリーン系。カンパーニュやバゲットに近く、素材が立ち、パンの主張が強すぎない。全粒粉が10％ほど入る。チーズバーガーには、コク豊かなチェダーチーズを。ディッシュカバーをかぶせて焼き上げれば、見た目でも食欲をそそるとろけ具合に。

この店ではホットドッグと呼んでいたが、「パンのペリカン」オリジナルの丸いパンをカリッと焼き上げて使用していたので、今でいうハンバーガーだ。覚えている方がいらっしゃったら、あの味について一杯飲みながら語り明かしたいものだ。2012年、神保町に「TOKU」という店がメニューを復活させ狂喜乱舞したが、残念ながら2年後に閉店してしまった。

それまでのジャンクフード的なイメージを払拭し、こだわりを尽くした「グルメバーガー」。その先駆者は、1996年オープンの本郷三丁目「ファイヤーハウス」だといわれる（『東京カレンダーWEB』）。僕は、1990年オープンの五反田「フランクリン・アベニュー」だと思うのだけれど。

今回紹介する、「THE《ザ》　BURGER《バーガー》　CRAFT《クラフト》」店主の曽根大五郎さんも、「ファイヤーハウス」に衝撃を受けたことが今の店につながっているという。

「THE　BURGER　CRAFT」は、2017年オープン。曽根さんは、都内各所で和食、イタリアン、スペイン料理の店で働いてきたほか、店の立ち上げ（店舗計画やメニュー開発）の仕事にも携わってきたという。そして、自分一人で店を始めるにあたり、ハンバーガーを選んだ。

料理界は往々にして「足し算」が横行し、値段とコテコテ感はどんどん増していきがち。グルメバーガーもその例外ではない。ところが、曽根さんのハンバーガーには「引き算の美学」が貫かれている。余分なものをそぎ落とし、ピュアなおいしさを目指しているのだ。

まずバンズ（パン）の生地は、モチモチ感と甘味のある「リッチ系」（砂糖、卵、バター、乳製品を使用）ではなく、バゲットやカンパーニュと同じ「リーン系」（小麦粉・水・塩・酵母）だ。硬くならないよう、主張しすぎないよう、パン職人と話し合ってつくり上げた特注品である。そのバンズをしっかり焼き上げることで、かぶりついたときのカリッとした食感を演出している。ああ、かの「ジロー」の食感を思い出す……（涙）。

次にパティ（肉）は、卵、牛乳などのつなぎを入れない牛肉100%。そのまま焼いたのではバラバラになってしまうので、塩で練って一晩ねかせてから使う。包丁で丁寧にチョップされた和牛の旨味と、角切りにしたオージービーフを混ぜゴロッと感を出す。片面を7割ほど焼いて焦げ感を出し、最後は蒸し焼きにすることにより、ジューシーさと香ばしさとを共存させている。

基本のチーズバーガーは、選び抜いたチェダーチーズ、毎日市場から仕入れるフレッシュ野菜をのせ、味つけもマスタードと自家製マヨネーズと塩だけ。シンプル・イズ・ザ・ベストの典型である。「引き算の美学」と言った意味、ご理解いただけただろうか（ところが味のほうは、それぞれの素材が生きて「掛け算」の味になっています！）。

曽根さんの引き算は、ここにとどまらない。13種類のハンバーガーにはサラダかポテトがセットになっている。ランチ

では次回注文時に適用される200円引きのクーポンが付いており、2回目以降は実質、全品200円引きとなる！　何とも頭が下がる。後光が差して見える人物は、本書でも紹介する居酒屋「酒さかな ずぶ六」（184ページ）の店主である谷口賢一さん以来だ。

　曽根さんの志の高さは、オシャレでピカピカな店内を見ただけでもわかる。全12席と広くはないが、テイクアウトも電話予約による受け取りも可能なので、ぜひぜひ、「クラフト＝手づくり」の名に恥じない味をご堪能ください。

　そうそう、ビールとの相性も感涙ものですよ！

　最後に「浅草のパン事情」を少々。浅草でパン屋と言えば、1942年開業の「パンのペリカン」だ。2017年に直営の「ペリカンカフェ」もオープンさせた。老舗喫茶店の「ハトヤ」「オンリー」「アロマ」などで「ペリカン」のパンが味わえる。特に「アロマ」の「オニオントースト」は絶品だ。

　次にテレビ東京『出没！アド街ック天国』「浅草 千束」の「気にスポ」のコーナーで謎のパン屋として紹介された「宝盛堂」（1931〜2007年）。閉店したあとも、浅草の老舗洋食店「ヨシカミ」など数店の常連さんにだけ週3回パンを焼いている幻の店だ。「浅草ランチ・ベスト100」に選出した喫茶・カフェ部門の「喫茶あかね」では常時食べられるので、ぜひどうぞ。

　ほかにも「SUKE6 DINER《スケロクダイナー》」のパン工場「マニュファクチュア」（2015年）、あんぱん60種類の「あんですMATOBA」（1980年）、天然酵母パンの「粉の花」（2008年）など楽しい店が揃う中、僕が日本一の惣菜パンの店だと思っているのが「テラサワ」（1950年）だ。生クリームコロネ、焼きそばパンなど、よくお世話になってます。

　ところで、「THE BURGER CRAFT」のバンズは、どのパン屋がつくっているか……。それはパン屋さんの意向で秘密です。あしからず。

右ページ上／店主の曽根大五郎さん。オープンキッチンはどこもピカピカだ。**右ページ下**／両手で「いただきま〜す！」。つい笑みがこぼれてしまう。**上**／シカゴのクラフトビール・グースアイランドIPA770円。ホップの香り高い、フルーティーな味わい。

本日のお会計	
スタンダード チェダーチーズ バーガー（スモールグリーンサラダ、コーヒー付き）	1200円
計	1200円也
※〜14時は200円引きのクーポンを配布。次の注文時に値引きを適用。	

居酒屋ランチ部門	
店名	一匹呑んどころ〇吉八
ジャンル	居酒屋
住所	東京都台東区雷門2-11-7
電話番号	03-3847-0511
ポイント	味 女
コメント	2006年開業。30品目バランスランチ980円に刮目。現在、夜の営業は休業中。

野菜不足解消、
酒粕・麹など発酵食品による
健康増進など
身体にやさしい内容で、
ビジネスランチとして人気があり、
ことに女性客が多いという。

上／ある日の、30品目バランスランチ980円。主菜は8種から選べる。今日は、さんまの梅の香揚げをチョイス。副菜は、ロマネスコとカリフラワー、味玉、赤キャベツのマリネ、卯の花、うどのきんぴら、ちぢみほうれん草のナムルなどなど。左／店は、本格焼酎居酒屋からスタート。

今回からは、僕の主戦場たる「居酒屋」編だ。といっても、ランチのお話。居酒屋のランチは、店の名物メニューをメインにしたりしていて、個性豊かで侮れない。僕は居酒屋に限らず（特に高級な店などは）、まず「一見さん」としてランチを食べ、気に入った店には夜も伺い「裏を返し」、間を空けずに通って覚えてもらい「なじみ」となる（おっと、これは吉原遊郭の作法だった）。ランチがおいしい店は、夜行っても満足できるものだ。そして、その逆もまた真なり。

「居酒屋」部門の一軒目は焼酎居酒屋「一匹呑んどころ○吉八《まるきちや》」だ――ということで、まずはランチのアペリティフとして焼酎のお話から（アルコール度数は高いけれど）。

東アジア一帯は「麹の酒」エリアだ。しかし、日本の焼酎・泡盛のような「ばら麹」（黄麹・黒麹などを選択して使用）ではなく、中国、タイ、フィリピンなどでは多くの菌が混在した「餅麹」が使用される。朝鮮半島の「ソジュ」は、眞露に代表されるような複数の穀物をブレンドして造った日本の甲類焼酎（連続式蒸留焼酎）にあたるものが主流だ。日本の乙類焼酎（単式蒸留焼酎、本格焼酎）や泡盛が洗練され、しかも味わい深い秘密は、造り方にある。

焼酎酒造場数は連続式蒸留・複数の酒造免許も含むと９６７場ある（『国税庁 酒のしおり ２０１９年』の「酒類等製造免許場数」によると、連続式単独製造36＋複数の酒造免許77、単式単独製造３７１＋複数の酒造免許４８３）。

僕は今までに焼酎１７８蔵、泡盛39蔵の酒を飲んでいる。そんな僕の飲酒歴と重ねて、焼酎のブームについて振り返ってみたい（参考『ｄａｎｃｙｕ』２０１６年９月号 特集「焼酎が来るぞ。」内の「焼酎のきた道。」）。

１９７０年代後半「第1次焼酎ブーム」。本格焼酎（乙類）が東京に進出、お湯割りがブームになる。五反田に伝説の店「日南《にちなん》」が１９７０年にオープン（80年代に僕が焼酎に目覚めた店で、２００種類を揃えている）。

１９８０年代「第2次焼酎ブーム」。下町のナポレオン「いいちこ」が爆発的ヒット。甲類焼酎がブームとなり、チューハイが居酒屋の定番に。缶チューハイも登場し、若者を中心に焼酎を飲む文化が定着する。

２０００年代「第3次焼酎ブーム」。21世紀とともに本格焼酎、なかでも芋焼酎が空前のブームに。しかし、一方ではプレミアム焼酎が増え、「庶民の酒」から高値の花へとなってしまう傾向も……。

２００３年には日本酒の出荷量を上回る。そして、都市圏では焼酎バーが人気に。

浅草には２００４年に「ぬる燗」、２００６年には「一匹呑んどころ○吉八」が開店。僕もさまざまな銘柄や「前割り」という飲み方を教えていただく。

国語の教員としては、２０１０年に「酎」の字が常用漢字に採用され、晴れて「焼酎」と正式に表記できるようになったことを強調したい！また、僕の住む千葉の行徳は幸いなことに焼酎のレベルが非常に高い。行きつけの「焼酎バー 海月《くらげ》」のママは僕の焼酎と日本酒の師匠である。

その後、焼酎ブームは去り、現在は残念ながら低迷期と言えるだろう。焼酎・泡盛の現状は他の日本酒に比べ、海外での知名度が低く、人気も芳しくない。しかし、その旨さは決してほかの酒に負けてはいない。

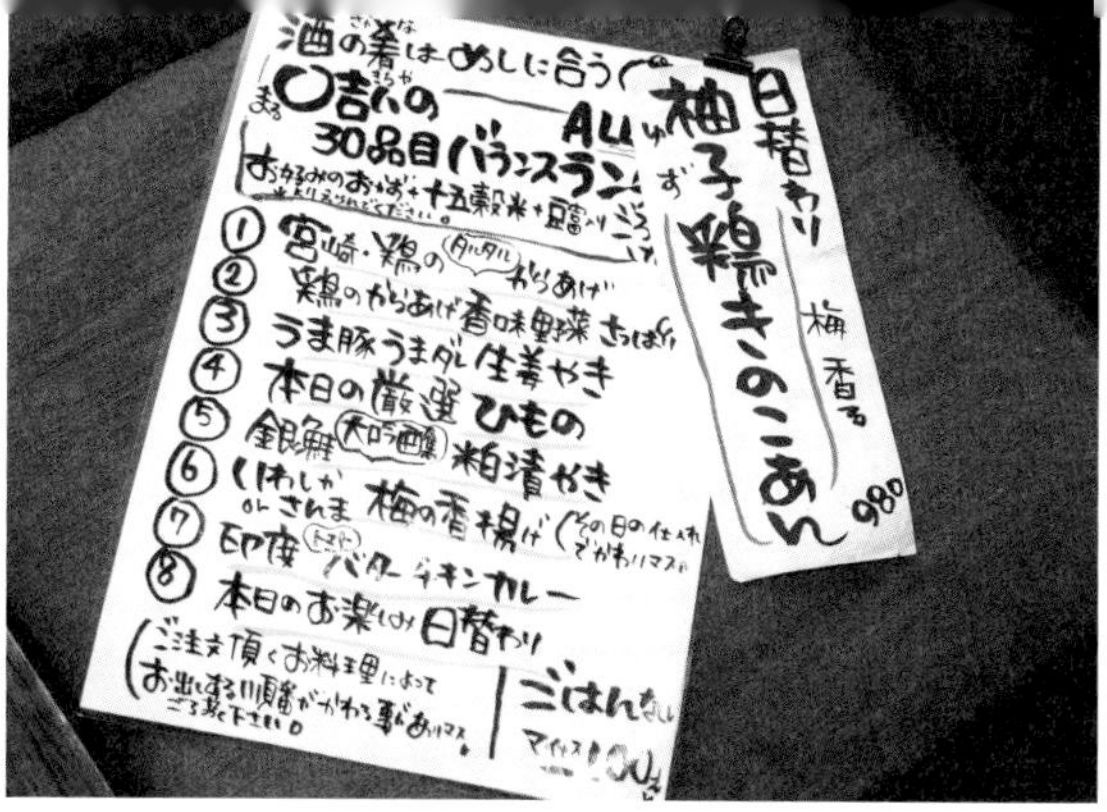

ただ知られていないだけなのだ。僕などは日本酒よりも、むしろ慣れてくれば焼酎のほうが外国人に喜ばれるのではないかとさえ思っている。みんなで焼酎を応援しよう！

「一匹呑んどころ○吉八」に話を戻そう。ママの水谷保子さんは上野の生まれ。今は亡き市ヶ谷「嘉多蔵《かたくら》」で6年間働くうちに薩摩焼酎の魅力にハマり鹿児島マニアに。九州の蔵元にも足繁く通うようになる。そして2006年に浅草で独立。100本の選び抜かれた焼酎と数種類の日本酒は、ほとんどが500円均一！　料理も九州・沖縄のものが多い。店名は「いいことが末広がりに」という意味だ。そのうち、「酒の肴はメシにも合う」ということでランチを始める。

ママは太っ腹だ。〝30品目バランスランチ〟は、お好みの主菜（8品から選ぶ）・数種類の小鉢・十五穀米・豆腐入りごろごろけんちん汁という豪華さで980円！　野菜不足解消、酒粕・麹など発酵食品による健康増進など身体にやさしい内容で、ビジネスランチとして人気があり、ことに女性客が多いという。

ほかにも〝お持ち帰り30品目バランスお弁当〟は880円だし、毎月8の付く日は〝8品おかずの○吉丼〟が500円！　そして、これもお薦めの飲み放題付き宴会は、まさに「焼酎パラダイス」と化すのだ。ね、実に太っ腹でしょう！

ママは頑張り屋だ。もう何年も前のことになるけれど、産休のあとは乳母車に赤ちゃんを乗せて店に立っていたっけ。

「○吉八」は、酒・肴だけでなく、居心地も最高なのだ。元同僚の教員で、転勤までの数年間、毎日通っていた男性がいたぐらいだ。現在、夜の営業は休業中だけれど、再開される日を楽しみに、みんなでママを応援しょう！

ママは太っ腹で、頑張り屋で、まるで「肝っ玉母さん」のようだ。そして太陽のように明るく温かい。僕はいつもママから元気をもらっている。あなたは「○吉八」の昼・夜のどちらに行ってみたくなっただろう？　ぜひ名物ママに会いに行ってくださいね。

右ページ／オーナーであり料理人の水谷保子さん。焼酎蔵に通い詰めるうちに思いが強くなり、2006年に自身の店を開く。野菜を中心に、酒粕や麹、味噌などの発酵食品も取り入れた食事を提供している。**上**／宮崎・鶏のタルタルからあげは定番で、人気の一品。日替わりがあるのもうれしい。

本日のお会計	
30品目バランスランチ。好みのおかず（さんまの梅の香揚げをチョイス）＋小鉢＋十五穀米＋豆腐入り ごろごろけんちん汁。	980円
計	980円也

上／店内は全4席（！）のところ、コロナ禍でさらに減らし全3席に（!!）。限られた空間をフルに生かしており、なぜかとても落ち着くのです。**左ページ上**／ラーメンサラダ500円は、北海道のご当地グルメとは別物のオリジナル。**左ページ中**／焼きカレークスクス600円。熱々のチーズがジュージュー！　**左ページ下**／手づくりのシュウマイ300円は、「肉を主役に」という意図が伝わってくる一品。からし＆醤油か、黒酢で。

居酒屋部門	
店名	**居酒屋 喜林**
ジャンル	居酒屋
住所	東京都台東区浅草5-37-1
電話番号	050-5539-8256
ポイント	★ 人 独 C
コメント	2019年開業。8時～18時営業、電子マネー決済のみという謎の店。肴中心。焼きカレークスクス600円。

浅草ランチ・ベスト26/100 居酒屋部門 ☞ **居酒屋 喜林**

席数は限定4席（現在は3席）。朝飲み・昼飲み限定で、居酒屋なのに営業時間は朝8時から18時限定！そして極め付きは、支払いが電子決済限定。

まずは「居酒屋の歴史」から話をしていこう。江戸時代の元禄年間（1688〜1704年）に酒屋の「居酒《いざけ》」が始まる。これは酒屋で酒を飲むことで、現在の「角打ち」に近い。角打ちという呼称は北九州の労働者の間で生まれたとされ、「枡の角から飲む」「酒屋の角で飲む」など語源は諸説ある。

浅草地区にも、蔵前「角打ち フタバ」や三ノ輪「鈴木酒販 小売部」という名店がある。

この居酒が人気となり成功したのが、1596年創業で現存する東京最古の酒舗「豊島屋本店」（神田猿楽町）である。現在は、東村山で「金婚」「屋守《おくのかみ》」という東京の地酒も造っている。

そして、寛延年間（1748〜1751年）には、居酒を本業とする「居酒屋」が登場する。当初は「いざけや」と言ったそうだ。1811年の「食

左ページ／店主の小林賢司さん。飲食店経験ゼロから自身の店を開く。以前から料理が趣味で、**下**／支払いは、クレジットカードや電子マネーなど電子決済限定。現金は使えません。ご注意を！

類商売人」の調査では居酒屋は１８０８軒で、全飲食店の約４分の1を占めていた。まさに「江戸の飲み倒れ」である（これらの過程は飯野亮一『居酒屋の誕生』ちくま学芸文庫に詳しい）。

さて、今日の本題は「不思議な居酒屋」だ。浅草で変わった店としては、鍵がかかっていて入れないことで有名な「鳥多古」（予約客が外から叫べば鍵を開けてもらえます）。現役60年余という伝説のストリッパー「浅草駒太夫の店 喫茶ベル」。大将が女性で女将が男性という夫婦性別逆転の焼鳥屋「おか田」（テレビ東京『日曜ビッグバラエティ』で特集）。吉原ソープ街の路地裏にあるお姐さんたちへの出前中心の蕎麦屋「梅月」（何でもおいしいです）などなど。だが、なかでも断トツに変な店が「喜林《きりん》」である。

「喜林」は「限定」だらけの店だ。

店の広さはトイレも入れて3坪。そのため、席数は限定4席（コロナ禍のため、現在は3席）。激セマ！

朝飲み・昼飲み限定で、居酒屋なのに営業時間は8時から18時限定！

極め付きは、支払いが電子決済限定（クレジットカード・電子マネーのみ）で、現金は使えないということ！

変な店でしょ〜。ワガママな店でしょ〜。入りづらそうな店でしょ〜。

でも、大人の隠れ家的、大人のワンダーランド（おとぎの国）的、大人の秘密基地的、大人の勝負店的魅力にあふれている唯一無二・前人未到・空前絶後の店だ。自分だけの秘密にしておきたい反面、みんなに言いたくて仕方ない不思議な店。それが「喜林」なのだ。

店がある場所は、以前「ソンポーン」という予約困難なタイ料理店があった（現在は広い店舗に移転し経営者も変わっている）。「喜林」がソンポーン化することだけが、唯一の不安材料だ。

そうそう、実は食べ物も酒肴限定だった。でも、〝焼きカレークスクス〟〝ラーメンサラダ〟は、ランチとなり得るので、今回のシリーズにぜひ入れたいと考えたわけなのだ。加えて、冬場なら一人鍋の〝扁炉《ピエンロー》〟（中国の白菜鍋）に白ご飯という手もある（コシヒカリを２００㎡の土地で、何と無肥料・無農薬で育てている！）。

居酒屋なのでアルコールを注文するのが基本だが、ランチの時間帯は酒を頼まなくても可ということだ。

「喜林」は、２０１９年4月開業。ネクタイ姿で飄々としていながら物腰の柔らかい小林賢司さんは、居酒屋の大将というよりは、バーや喫茶店のマスターといった風貌。BGMはクラシック。店名は、お世話になった中華料理店の一字「喜」に小林の「林」で「喜林」となった。

マスターの経歴も変わっている。高校1年生から大学生まではアルバイトでコンピューターゲームのプログラマーをしていた。その後、蔵前のおもちゃ屋に就職し、ICのおもちゃの開発・製造などを18年間。その後、ほかの仕事もしたが、いつかは店をやってみたいと思っていたそうだ。そんなときに今の物件に出会う。

マスターは「小さい店」を探していた。飲食店経験はゼロなので、狭いほうが勝手がいいのだ。しかも、三河島出身なので小さい頃から浅草にはなじみがあった。趣味で飲み食いも大好きだったし、自宅の料理は奥さんではなくマスターが、店が終わって帰宅してからつくっている。

マスターは風流人・趣味の人だ。お酒も自分が飲みたい物を集めている。酒肴も自分が飲むときに食べたい物を手づくりしてきた集大成。シュウマイ、紅生姜、なめたけ、ザワークラウトなども自家製だし、〝アホ《にんにく》きつね〟(昔、『dancyu』に載っていたレシピ!)、〝卵on卵on卵〟などのメニュー名もキャッチーなものばかりだ。

値段は参佰圓《さんびゃくえん》中心。酒類は陸佰《ろっぴゃく》圓《えん》前後。漢数字の表記は大字《だいじ》だ(壱・弐・参・肆・伍・陸・漆・捌・玖・拾……、若い方は読めるかな?)。

自分が四六時中飲みたいクチなので、朝飲み・昼飲みの店にし、立ち飲みでは自分も落ち着かないので、ゆっくり飲める店にした(そういえば仕事中もワインをチビチビ飲んだりしている)。客にもゆったりくつろいでもらいたいので、必要以上には接客しない。客の平均滞在時間は2時間だという。

そう、胎内回帰的な安心感、日差しを感じながら呑む優越感。なにしろ居心地が最高だ。「正直ビヤホール」(180ページ)のママをお連れしたことがあるが、いたく気に入られ、また連れてってねとのお言葉をいただいた。男だけでなく、女性をも魅了する店なのだ。

国語教員が全力で店の魅力を伝えようとしたが、やはり行ってみなければ「喜林」の実態は把握できない。「百聞は一見に如かず」という故事がこれほど似合う店はないのだから。予約は原則受け付けていないので空席情報については、当日電話でご確認ください。

最後に、この「喜林」も参加する「浅草観音裏 酔いの宵」というイ

ベントのお知らせを。「酔いの宵」は2019年2月、観音裏の店主たちが自力で計画実施した「飲み歩きイベント」だ。一軒1000円で一品＋一杯が楽しめる。10日間にわたり六十数軒が参加して大盛況だった。何を隠そう、僕は延べ74軒を制覇して「初代チャンピオン」となったのだ！

右ページ／独自の路線を行く居酒屋。メニューもまた、ユーモアのある独自性を貫く。**下**／「またね〜！」と13時からの勤務時間に間に合うよう学校に向かう神林先生。自転車での移動中もアンテナを張り、未訪問店や新店を発見！

本日のお会計	
焼きカレークスクス	600円
ラーメンサラダ	500円
加賀棒ほうじ茶（525mℓ）	200円
計	1300円也

喫茶・カフェ部門	
店名	**カフェ エル**
ジャンル	喫茶店
住所	東京都台東区浅草3-32-6
電話番号	03-3875-6490
ポイント	人 雰
コメント	1976年開業。半村良『小説 浅草案内』舞台。ランチ800円〜。僕はビーフシチュー980円がお気に入り。

右ページ／和牛がゴロゴロ入るビーフシチュー。人参やりんご、玉ねぎ、そして赤ワインの旨味も加わり、味わい深い。セット980円は、サラダとライスのほか、ランチタイムはスープと飲み物も付く。**上**／落ち着いた色合いで統一された店内。**下**／作家の半村良さんが好んだエスプレッソ600円。

「カフェ エル」は、半村良のマンションの目の前にあり、小説内でも重要な一軒だ。ランチは8種類あり、人気はハンバーグやドリア（特に女性）。そして僕イチオシのビーフシチューだ。

今回からは「喫茶・カフェ」部門のランチ編。コスパがよかったり、オシャレだったり、女性に人気だったり、まったりできたり。なにしろ我々の強い味方だ。

全国の喫茶店は、1981年をピークに減少の一途をたどっている。ことに個人経営の喫茶店は深刻だ。三大都市圏に限ると、1996年から2014年の間に40%も減っている（三菱UFJリサーチ&コンサルティング調べ）。激減の原因は、缶コーヒーの進歩、大手チェーンの攻勢、若者の喫茶店離れ（選択肢の増加）、家賃や人件費の高騰、コンビニの100円コーヒー発売などさまざまだ。

そんななかでも、銀座〜新橋・神保町・浅草などは昔ながらの喫茶店が多く残っているエリアだ。僕は、浅草の喫茶店77軒（+カフェ51軒）に行っているが、その中には「ハトヤ」（1927年開業）、「アロマ」（1964年開業）などの純喫茶も27軒健在だ（純喫茶の反対語は不純喫茶……ではなく酒の飲める喫茶である）。

この77軒中、閉店した店は15軒（19%）。多くの文化人が愛した「アンヂェラス」（1946年開業）の2019年3月の閉店はショックだったが、浅草の閉店率は低いことがわかるだろう。

洋風の雰囲気漂う、看板建築。
温かみのある明かりが灯る。

今回は、本業の国語の教員らしく文学散歩風にお届けしたい。僕は、都立両国高校定時制の閉課程（閉校）まで10年間勤務したが、両国高校（府立三中）出身の文学者というと、芥川龍之介氏、久保田万太郎氏（中退）、立原道造氏、半村良氏、落合信彦氏（定時制卒業）、石田衣良氏が有名だ。SF作家として初めて直木賞を受賞した半村良氏（1933～2002年。以後敬称略）には、「伝奇ロマン」を開拓した『石の血脈』、映画化もされた『戦国自衛隊』などの作品があるが、子供の頃に夢中になったTBSのアニメ『エイトマン』（1963～1964年）、『スーパージェッター』（1965～1966年）の脚本もほかのSF作家たちとともに担当した。

その半村良の『小説 浅草案内』（新潮社・ちくま文庫）をご存じだろうか。54歳から65歳まで暮らした浅草観音裏を舞台に、私小説風に、しかしフィクションも織り交ぜて紡いだ人情小説だ。僕はこの本を雷門前にあったジャズ喫茶「がらん（伽藍）」（2008年閉店）の里井幸康氏から教えていただいた。浅草のオーセンティックバー「FOS」オーナーバーテンダーの森崇浩氏も大ファンだという。

1987年、昭和の終わり頃の浅草の実在の人物や店が登場する（橘家圓蔵師匠も）。大好きな文壇酒場「かいば屋」（2010年閉店）や本書に登場する「正直ビアホール」（180ページ）のほか、半村良が住んだマンションが浅草見番《けんばん》（芸者衆の手配等を行う花柳界の中心施設）の裏路地にあったため、近所の釜飯「むつみ」「グリル佐久良」「栄寿司」、蕎麦「弁天」、ねぎま鍋「一文」などおなじみの店が出てくるのが楽しい。凝り性の僕は、小説の世界を隅々まで歩き回り、実際に小説の中の観音裏の地図を完成させた。

この地図を携え、小料理「石松」、水炊き「とり幸」「うどんすき 杉」（閉店）、「カフェ エル」などを新たに訪問、当時のお話を伺って回った。

神林先生作、半村良『小説 浅草案内』に登場する店を記した地図。

なかでも小料理「石松」は数々の人情ドラマの舞台となっている。そして、今回紹介する「カフェ エル」は、半村良のマンションの目の前にあり、小説内でも重要な一軒だ。

「〈エル〉のお母さんは私にとって浅草のよきガイド役である。何しろ観音さまの裏手が奥山と呼ばれていたころからの家系で……」と書かれているように、先代の「お母さん」が「下町らしい人と人とのつながり」を体現する存在として描かれている。お母さんは、半村良が高校の大先輩として尊敬する久保田万太郎氏のことを「久保万さん」と親しげに呼び、口真似まで披露し、半村は呆気に取られる（「エル」の飼い猫「クマ」の名も出てきます）。

浅草出身の作家では土岐善麿氏、石川淳氏、池波正太郎氏も有名だが、久保田万太郎は小説家、劇作家、俳人として活躍、最も浅草らしい作家かもしれない。俳句については本業ではなく「隠し妻」とおっしゃっていたが、僕にとっては「久保万＝俳句」だ。

神輿《みこし》待つ間のどぜう汁すすりけり
熱燗やとかくに胸のわだかまり
鮟鱇《あんこう》もわが身の業《ごう》も煮ゆるなり
たかだかとあはれは三の酉の月
湯豆腐やいのちのはてのうすあかり

府立三中で1年後輩の芥川龍之介は「東京の生んだ『嘆かひ（嘆き）』の発句」と評したが、その通り、しみじみとしたつぶやきのような句風からは人生そのものが感じられ、僕が心惹かれる所以《ゆえん》だ。

「カフェ エル」は、お母さん、お姉さん、現在のママの村上加代子さんの3人で1976年に店を始めた。「ELLE」とはフランス語で「彼女」の意味。パリの路地裏にありそうなオシャレな外観なので、開店時には話題となり、近所の人がタキシードやドレスでやって来たそうだ（ドレスコードあり？）。店内もアンティーク調で重厚。壁には著名画家の作品がさりげなく飾られている。

その後、お母さんが亡くなり、お姉さんも店に立たなくなり、一人になったママ。多くのライバルがいる常連さんの中で、見事にママのハートを射止めたのは今のマスターの村上康夫さんだった。ママは、「一番使えそうだったから」とイタズラっぽく笑う。ママのお見立てに間違いはなく、マスターは優しくて実直。今でも店内が清潔できれいなのは、毎日マスターが1時間半かけて床まで雑巾がけしているおかげだ。今でもお客の8割は常連さんだそうだ。

半村良は、昼頃起きて「エル」で〝エスプレッソ〟を飲むのが日課だった。小説に「エスプレッソが来て、私は小さなカップにそれを注ぎながら答えた」とあり、大型のマシンに慣れている僕は情景が浮かばなかったのだが、今回マスターに再現していただき、ようやく合点がいった。イタリア・ビアレッティ社のエスプレッソ・ポットで提供されるのだ。このエスプレッソを目当てに全国からファンがやってくるという（ただし、現在、ポットは付きません。悪しからず）。

肝心のランチだが「エル」には8種類あり、人気は〝ハンバーグ〟や〝ドリア〟（特に女性）。そして僕イチオシの〝ビーフシチュー〟だ。和牛

を使っており、ランチセットにはライス、コンソメスープ、ミニサラダ、飲み物が付いて980円！　浅草の有名洋食店4店を調べたところ、セットで3320円から4800円（銀座では単品5500円も）だったのでコスパ最高だ。ママも「若い人にも気軽に食べてほしい」とおっしゃる。本当にありがたい話だ。

ソースもイタリアのトマトピューレを主に使って手づくりしたもので、市販のデミグラスソースは少量しか入れないという。店が花柳界の中心にあるので、舌の肥えた芸者さんが来たり、悪い噂はすぐに広まったりするので、料理の味については鍛えられたという。

半村良は『小説 浅草案内』の中でこんなことも書いている。

「私は他との衝突を未然に回避するセンスを『粋』と呼ぶのだと思っている。だから、『粋』は人ごみから生じたもので、あまり目立つのは『粋』なことではなかろう」

歩きスマホの連中に聞かせてやりたい名言だ。僕も浅草で「粋な客」と呼んでもらえるよう日々精進したいと思う今日この頃だ。しかし実際は、日々「檀家回り」（なじみの飲み屋をはしごすること）に追われ、「呑んべえの先生」として噂が広まっている。悪酔強酒（望んでいることと実行することが違うこと）・鯨飲馬食・酔生夢死・肥大蕃息《ひだいはんそく》（どんどん太ること）の今日この頃である（トホホ……）。

上／店主の村上康夫さん、加代子さん夫妻。**下**／かつてのスタイルで、イタリア・ビアレッティ社のエスプレッソ・ポットで提供してもらった。

本日のお会計	
ビーフシチュー （ライス、サラダ付き。11時30分～14時のランチタイムは、さらにスープ、飲み物が付く）	980円
計	980円也

喫茶・カフェ部門	
店名	**デンキヤホール**
ジャンル	喫茶店
住所	東京都台東区浅草4-20-3
電話番号	03-3875-2987
ポイント	歴 人 女
コメント	1903年開業。オムマキは、大正時代に屋台のソース焼きそばをヒントに創作したと伝わる。もう一つの名物はゆであずき550円。

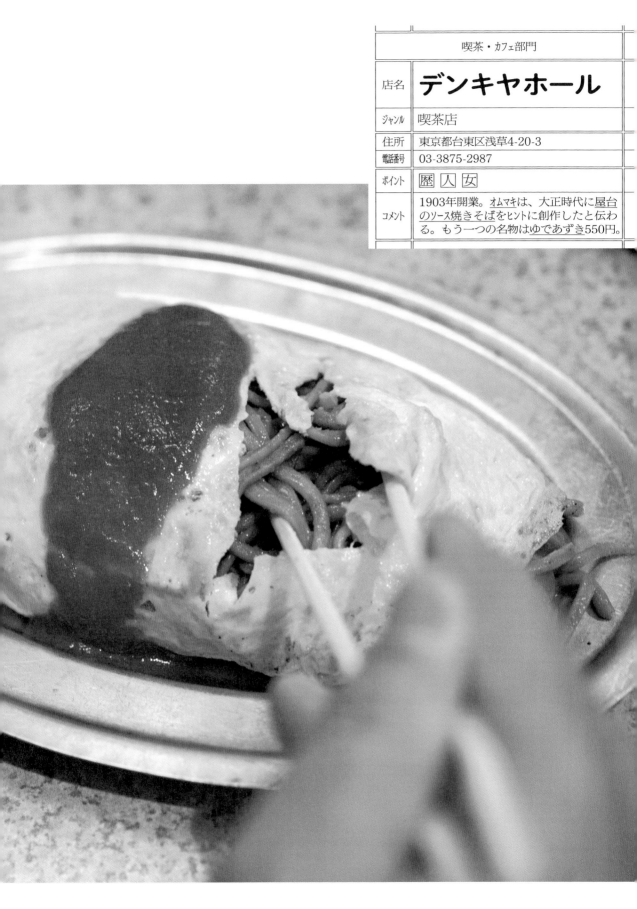

右ページ／茶色い深蒸しの麺をくるんだ、元祖オムマキ700円。もちもちの食感！　好みで黒七味唐辛子や一味唐辛子をふりかけて。**左**／三代目女将の杉平淑江さん。浅草の町や商店の歴史にも詳しい。

「デンキヤホール」は「日本焼きそば史」に燦然と輝く店でもあるのだ。

日本最古の喫茶店は上野にあった「可否茶館」。1888年開業である。銀座「資生堂パーラー」の前身「資生堂ソーダファウンテン」が1902年。今回、紹介する「デンキヤホール」は、その翌年、1903年の開業だ。「銀ブラ」（銀座でブラジルコーヒーを飲む）発祥の「カフェー パウリスタ」の1911年よりも古い。「デンキヤホール」は日本の喫茶店史に残る名店だ。それだけでなく、「デンキヤホール」は「日本焼きそば史」に燦然と輝く店でもあるのだ。

焼きそばのルーツは中国の「炒麺《チャオミエン》」だが、塩味か醤油味で、明治時代は中国料理店でしか食べられてはいなかった。今の町中華の焼きそばもメインは塩ベースだ。「浅草ランチ・ベスト100」でも「中華部門」の店にはソース焼きそばはない。

ところが今の子供は、焼きそばと言われたらソース焼きそばしか思い浮かべないのではないか？ なんと、スーパーですべての麺類で最も多く販売されているのは「マルちゃん焼そば 3人前」（蒸し中華麺）だ。2位「手延素麺 揖保乃糸」（乾麺）、3位「カップヌードル」（カップ麺）、4位「サッポロ一番 みそラーメン」（袋麺）という兵《つわもの》揃いの中でのトップだから恐れ入る（「全国スーパーPOSデータ 2018」より）。ソース焼きそばは、もはや家庭の味なのだ。僕にとっても浅草の香りはソース焼きそばの香りだ。

銀座線田原町駅の階段を上ると「花家」（2021年5月末閉店）が焼きそばを焼いている。浅草駅の改札口を出ると、浅草地下商店街の入り口に焼きそば専門店「福ちゃん」（「浅草ランチ・ベスト100」入り）が出迎える。そのほかにも、浅草では中華料理・お好み焼き・甘味処・喫茶店・食堂と、驚くほど多くの店でソース焼きそばを食べることができる。

「浅草ランチ・ベスト100」の中でも「福ちゃん」「三島屋」（122ペー

初代がデザインしたロゴが、レトロなモダンさを放つ。

ジ）「芳野屋」（116ページ）「大釜本店」「デンキヤホール」は、その代表だ。そう、浅草は「ソース焼きそばの町」だ。

それだけではない。浅草は「ソース焼きそば発祥の地」でもあるのだ。少し前までは「ソース焼きそば戦後発祥説」一色だった。「終戦直後の闇市で、小麦粉は入手困難だったのでキャベツで量を増し、水っぽくなった分、味の濃いソースで補う」という形で広まったというものだ。誕生は大阪説や秋田県横手説など。しかし最近、戦後説は否定され、「大正末期から昭和初期にかけて浅草で誕生した」という説が有力になっている。その根拠をまとめてみよう。

①最古と思われる記録は『近代庶民生活誌18』（三一書房）の中で、1917年生まれの女性が子供時代に、浅草千束の屋台でお好み焼きを食べた後に「ソースを掛けて食べる『上げ玉』。そして『焼きそば』も。」と書いてある部分だ。また、清川「大釜本店」は1928年の創業からソース焼きそばを提供してきた（塩崎省吾『焼きそばの歴史・上：ソース焼きそば編』Kindle版）。

②高見順氏の小説『如何《いか》なる星の下に』（講談社文芸文庫）の中で、お好み焼き「惚太郎」のメニューに「やきそば 5仙」とある。「仙」は「銭」の意だが、人に山で「人が山と来るというんで縁起がいい」と表記されていたという。モデルとなった「染太郎」の開業が1937年、小説は1939〜1940年に雑誌「文藝」に連載された。

③料理研究家・小菅桂子氏の名著『にっぽん洋食物語大全』（講談社＋α文庫・ちくま文庫）には「年配の中国人の料理人の中にはソース焼きそばを浅草焼きそばと呼ぶ人もいる」とある。

④dancyuムック『ソース焼きそばの本』（プレジデント社）にも「広東省出身の『慶楽』の區さんのお父さんは、中国から来た人に、『これは浅草焼きそばという食べ物』とソース焼きそばをよく食べさせていた」というエピソードが載っている。

「浅草焼きそば」。何とも心躍るネーミングではないか！ 浅草誕生説を裏付けるように、2017年にはヤマダイ「ニュータッチ 東京浅草ソース焼そば」、サンヨー食品「サッポロ一番 旅麺 東京浅草ソース焼そば」が立て続けに発売された。

そして「デンキヤホール」の名物〝元祖オムマキ〟は、なんと初代が大正時代に屋台のソース焼きそばをヒントに創作したと伝わっているのだ。「デンキヤホール」は1903年に電気屋として創業し、数年後には甘味喫茶となる。店名の「デンキ」には電気屋という意味のほかに、「ハイカラなもの・モダンなもの」という意味も加わっている。浅草「神谷バー」の「デンキブラン」も同様で、「電気のように痺れる」というのは俗説だ。

〝オムマキ〟は、オムライスのライスの代わりに焼きそばを包んだもので、同店の焼きそばよりも、ケチャップが加わったやや甘めのソースで炒めてある。具はシンプルにキャベツのみ。茶色い麺は深蒸し（二度蒸し）した色で、決してソースがしみ込んだものではない（最近は少なくなったなぁ）。深蒸しすると麺の水分量が少なく、もちもちの食感となる。加えて、炒めたときに麺の表面の水分が早く蒸発し、香ばしく仕上がるのだ。4種類の唐辛子が付いてくるのも楽しい。しかも、量もタップリで、男子でも満足だ。平日のランチタイムには定食に飲み物が付く。調理は三代目の主人が担当している。

江戸時代から盛り場や神社仏閣の境内では「ゆであずき売り」が店を出していた。もう一つの名物〝ゆであずき〟は、初代がそんな屋台を見て考案したものだ。北海道産大納言を使用し3日かけて仕込んだゆであ

ずきは、煮あずきと違ってサラッとしたドリンクタイプ。店名といい、料理といい、店のロゴといい、初代は大したアイデアマンだ。ニッポン放送の電気の仕事もずっとなさっていたという。

常連には、浅草オペラの花形・田谷力三氏、女剣劇の浅香光代氏と夫の世志凡太氏、平山郁夫画伯などそうそうたる顔ぶれが名を連ねる。店の向かい側の「ラーメン コント」は東八郎氏・貴博氏（東MAX）親子の実家なので、芸人のお客さんも多い。なかには五代にわたって通っているお客さんもいるという。

三代目女将の杉平淑江《よしえ》さんは女優のように凛とした方で、1980年に現店主のもとへ嫁いでこられたのだが、生粋の浅草生まれ浅草育ち。よく勉強されていて、浅草の歴史にも店の歴史にも詳しく、今回の取材でも貴重なお話をたくさんしていただいた。

店がある千束通りは、今でこそシャッターが下りている店も多く、どんどんマンションなどに建て替えられていて寂しいのだが、1958年に「売春禁止法」で「赤線」（公認で売春が行なわれていた特殊飲食店街）が廃止されるまでは、浅草六区の歓楽街・興行街と吉原とを結ぶメインストリートとして栄えていた。戦前は、毎日が「おとりさま」の賑わいのようだったそうだ。全長約1200m。昔から吉原通いの客のための飲食店や薬局は多かったが、八百屋や魚屋のような庶民生活に必要な店はなかったのだとか。

明治・大正・昭和・平成・令和と浅草を見守ってきた「デンキヤホール」。歴史の重みを感じさせるレトロでセンスのいい店には浅草の錦絵が飾られ、オールド・ノリタケも展示されている。店

の奥には、僕らの世代には懐かしいテーブルゲーム機が3台、現役で頑張っている（僕も、まだまだ頑張らなくては！）。
二代目大女将の米子さんは2019年に88歳の米寿を迎えられたが、午前中は店に立っている。淑江さんは、テレビ東京『二代目 和風総本家』（2018年）の「あなたの町の有名人 浅草編」で3位に選ばれた。浅草の祭礼行事「白鷺の舞」の舞手でもある娘さんも接客を担当しており、家族経営の「デンキヤホール」は、この先もずっと安泰だろう。
そうそう、二代目・米子さんの妹さんが柳通りのスナック「ベニラン」を、もう一人の妹の娘さんが「カフェ ソル」を営んでおられる。こちらもどうぞよろしく。

右ページ／レトロな雰囲気を保ったままの店内。**左上**／もう一つの名物、ゆであずき550円は、北海道産大納言を使用し3日かけて仕込んだ甘味。

本日のお会計	
オムマキ	700円
ゆであずき	550円
計	1250円也

喫茶・カフェ部門	
店名	**K's cafe**
ジャンル	カフェ
住所	東京都台東区雷門1-10-1
電話番号	03-5246-4390
ポイント	味 女
コメント	2013年開業。気仙沼で被災したパティシエが開いた店。パスタ中心のランチ671円〜。プラス350円でケーキを付けられる。

本職はパティシエなので、ケーキは秀逸。フィナンシェ、シュトーレンなどの焼き菓子もお土産に喜ばれる。

2011年3月11日。「東日本大震災」の日、あなたはどこで何をされていただろうか。僕は、前任校の都立一橋高校にいた。生徒に被害はなかったが、災害時、公務員は帰宅できず、避難民の世話に当たることになる。学校前を靖国通り（隅田川を越えれば京葉道路）が通っているため、早々と閉鎖したJR秋葉原駅や神田駅の帰宅困難者が大量に押し寄せ、眠れない一夜だった。

しかし、被災地の方々の大変さを思うと言葉もない。震災直後には物理的にも精神的にも、まだ被災地を訪れることはできなかったが、2013年になって、僕は初めて宮城県気仙沼市、岩手県大船渡市を訪れた。復興屋台村で飲み歩くことも小さな小さな復興支援になるのではないかと思ったのだ。

気仙沼では、1階ががらんどうのままの商店街、建物の基礎のコンクリートやタイル部分しか残っていない住宅街を目にして、ショックを受けた。ことに「第18共徳丸」には目を疑った。全長60m、330tの漁船が約800mも内陸まで打ち上げられてきていたからだ。次の日、JR大船渡線は流されていたので、バスで大船渡に向かった。その途中で見た陸前高田の光景も忘れられない。高さ17mの津波が押し寄せ、7万本の松原が流された中、生き残った「奇跡の一本松」。近くのユースホステルとこの松以外は広大な更地となっていて、唖然とした。大船渡では「さいとう製菓」（銘菓「かもめの玉子」で有名）の本社が2階の屋上まで波に飲まれて廃墟となっていた。

2015年にはJR仙石線が全線復旧したので宮城県石巻市に行った。途中、海側がずーっと新しい堤防でブロックされ、海が見えないことに複雑な思いを抱いた。道中、陸前小野の仮設住宅も訪れ、復興の願いを込めて主婦たちによってつくられた猿がモチーフの靴下人形「おのくん」を買い求めたりもした。

石巻も中心市街地が甚大な被害を受けたが、旧北上川の中州にある石ノ森

右ページ上／ポルチーニ茸のクリーム生パスタ1000円に温泉たまご100円をトッピング。**右ページ下**／パスタに＋350円で本日のケーキをセットに。ショートケーキは、苺のおいしい季節（春、秋、冬）に提供。**左**／2013年、神林先生が宮城県気仙沼市を訪れた際に撮ったもの。全長60mの「第18共徳丸」が打ち上げられた、目を疑う光景だ。

萬画館の円盤状の建物は津波に耐え、再オープンして町の復興のシンボルとなっていた（石巻市は1995年から宮城県出身の石ノ森章太郎の漫画を使った町おこしを進めてきた）。

今では気仙沼の漁船は解体・撤去され、奇跡の一本松も枯死して人工的な保存作業が施された。大船渡の「さいとう製菓 本社」も解体され、気仙沼、大船渡の復興屋台村も閉村した。しかし復興事業は、まだまだ終わったわけではない。

「K’s cafe《ケーズカフェ》」は、気仙沼からやって来たパティシエの金野敬《こんのけい》さんの店だ。東日本大震災の日、金野さんは仙台の飲食店で働いていた。その店が被災し、気仙沼に帰った金野さんを待っていたのは、故郷の悲惨な現状だった。実家は高台で助かったが、金野さんはいてもたってもいられない思いからボランティア活動に参加する。ボランティアで食事やお菓子をつくっていたときに、「人間はどんなに辛いときでもおいしいものを食べると笑顔になれる」ことを強く感じたという。その活動の中で、今の奥さんと運命的な出会いをするのだ。奥さんは東京の生まれだが、気仙沼に移り住んで働いていた。そして、住居も勤め先も被災してしまう。二人の出会いは大きな災厄の中での希少な希望であった。

その後、浅草に移り住んだ夫妻は、2013年7月「K’s cafe」をオープンする。「K」は、敬さんのKであり、気仙沼のKであり、店の住所・雷門のKでもある。被災地と浅草とを結びつけたいとの思いがそこにはあるのだ。開店当初は〝昔ながらのナポリタン〟を復興支援への感謝を込めて250円で販売していた。

「K’s cafe」は、7時30分開店。僕も〝モーニングセット〟を利用したり、タレントの小島よしおさんも大好物だという〝グリーンスムージー〟をいただいたりする（コロナ禍の現在は、11時開店）。

ランチは讃岐うどん職人がつくるモチモチの生パスタ中心で、11時から18時まで利用できて大変お得だ。それは独自のトッピング方式による。たとえば今イチオシの〝ポルチーニの茸のクリーム生パスタ〟を注文すると、〝ランチコーヒー〟（水出し）200円、〝ラタトゥイユ〟100円、〝温泉たまご〟100円などが付けられる。夏場の〝ガスパチョ仕立ての冷製パスタ〟も抜群だった。

特筆すべきは、単品だと750円する〝本日のケーキ〟（大きめです）が、何と350円でいただけるのだ（加えて、ラッキーな方には秘密の一品が付くことも……）。やはり本職はパティシエなので、ケーキは秀逸。写真を見ただけでもヨダレが出るでしょ？ また、〝フィナンシェ〟〝シュトーレン〟などの焼き菓子もお土産に喜ばれる。最近では、〝クレープ〟もメニューに登場した。

店には「気仙沼ミサンガプロジェクト」の商品も置かれている。被災した地元市民によって立ち上げられた団体によるもので、一般の復興支援と違って、材料費を除く利益全額がつくり手本人の収入になるというフェアトレードのような考え方から成り立っている。つくり手は障がいのある方、またはその家族の方、シングルマザーの方、介護をされている方などいまだに定職に付くことが困難な被災者の方々だ。そのような皆さんを長期的に支援するため、ハンカチでつくった実用的なポチ袋やご祝儀袋も扱っている。商品にはつくった方の「被災体験」も添えられ

右ページ／多彩な焼き菓子は食事をせずとも購入ができ、手土産にするお客も多い。**上**／オーナーパティシエの金野敬さん。

ている。僕はキーホルダーに気仙沼ミサンガをつけており、今年の正月はこのポチ袋を活用した。通販でも購入できるので、ぜひどうぞ。

優しく控えめなマスター。一方、元気な奥さんは、復興支援活動、メニュー開発をともに行うほか、メニュー制作、WEBマガジンなどを担当してマスターを支えている。また、店内には「令和元年台風第19号」の募金に協力していただいた方への〝チャリティークッキー〟0円も置いていた。

10席の小さな店には、たくさんの愛情が詰まっている。故郷への愛情、被災者への愛情、家族への愛情、そして料理への愛情……。日々の生活に疲れているあなた、ぜひ「K's cafe」に癒されに行ってください（別に疲れていない方も歓迎ですが）。そうそう、僕のために（?）ビールやワイン（サッカー選手イニエスタのワイナリー産）もありますよ。

本日のお会計	
ポルチーニ茸のクリーム生パスタ	1000円
トッピングの温泉たまご	100円
本日のケーキよりショートケーキ	350円
ランチコーヒー	200円
計	1650円也

カレー部門	
店名	**河金 千東店**
ジャンル	とんかつ
住所	東京都台東区浅草5-16-11
電話番号	03-3872-0794
ポイント	歴 独
コメント	1918年開業。100年前から愛されてきた、河金丼（元祖カツカレー）900円。近隣への出前も対応。

ご飯の上に
せん切りキャベツを敷き、
トンカツをのせて
カレーをかけたもので、
手狭な屋台でごく自然に
発祥したと言えよう。

せん切りのキャベツを敷き、揚げたてのトンカツをオン。カツが見えないほどたっぷりのルウをかけた河金丼900円。

日本の「二大国民食」といえば、カレーとラーメンだ。両者ともルーツを海外に持ちながら日本で独自の発展を遂げ、国民に愛される料理の代表になってしまった点が共通していておもしろい。今回から「浅草ランチ・ベスト100」の「カレー」部門に突入するが、僕は今までにカレーの店には423軒行っている。

まずはカレーの歴史を、小菅桂子氏の『カレーライスの誕生』（講談社学術文庫）などを参考に簡単にまとめよう。

①カレーの歴史はとても古く、その原型は紀元前2500年、インダス文明初期まで遡ると言われる。

②カレーの語源はタミル語の「カリ」（野菜・食事・おかず等の意味）だと言われるが、インドにはカレーと呼ばれる料理はない。「カレー」は英語で、インドではスパイスで煮込まれた料理ごとにサーグ（ほうれん草などの青菜）、コルマ（ヨーグルト、生クリーム、ナッツを用いるクリーミーなもの）、ダール（豆）など固有の名称がある。

③カレーは、18世紀にインドを植民地にしていたイギリスに伝わり、19世紀にはイギリスで初めて「カレー粉」がつくられる（農林水産省HP「カレーはどこから来たの?」）。

④明治時代、イギリスから日本にカレー（小麦粉でとろみをつけたもの）が伝わる。そこに「カレーの三種の神器」である人参、玉ねぎ、じゃがいもが加わり。大正時代には「日本独自のカレーライス」の原型が完成した。

⑤また、明治時代には陸軍・海軍が一皿ですむ便利なカレーライスを採用。その後、兵隊さんがレシピを持ち帰り、カレーは全国に広がる。

⑥1923年にエスビー食品創業者が、日本初のカレー粉製造に成功。カレーが大衆化していく。

⑦そして戦後になると「ベル カレールウ」（1950年）、「エスビー

四代目の河野貴和さんが腕を振るう。カウンター席のほか、テーブル席もある。

即席モナカカレー」（1959年）、「グリコ ワンタッチカレー」（1960年）、「ハウス バーモントカレー」（1963年）などの「固形カレールウ」が大ヒット。カレーライスが家庭料理として定着する。

⑧世界初の画期的な「レトルトカレー」である大塚食品「ボンカレー」（1969年）、「ハウス ククレカレー」（1971年）などにより、カレーはより身近なものとなる。

⑨1976年から米飯給食が始まり、1982年に学校給食で「全国一斉カレーの日」を開始。実施された1月22日は「カレーの日」として記念日となった。

カレーには日本で生まれた子供たちがいる。有力な説を中心に書き出そう。

長～く信頼される長男「カレーうどん」と、その双子の長女の優しく慎ましやかな「カレー丼」は、1908年に大阪「朝松庵」で誕生し、後に中目黒に上京する。次男は、1918年に浅草「河金」で誕生した体育会系の「カツカレー」だ。同じ年に従兄弟の「カツ丼」が早稲田「三朝庵」で生まれている（30ページの「浅草 とんかつ弥生」の巻を参照）。1927年には、森下「カトレア」で年の離れた次女の「カレーパン」が産声を上げる。1977年に「井村屋」経堂工場で生まれた孫娘の「カレーまん」は、最近はハーフの従姉妹「ピザまん」に押されて元気がない。また、異母弟として、1910年頃、日本郵船「三島丸」食堂で「ドライカレー」が、新潟県三条市では昭和初期に「カレーラーメン」が生まれているという。

浅草が生んだ「日本の喜劇王・エノケン」シリーズの映画監督・山本嘉次郎《かじろう》氏は食通としても有名で、三つ折りという独特の体裁の『たべあ

14時までのランチタイムは、大ぶりな鶏の唐揚げ付きなのだ！

るき東京 横浜 鎌倉 地図』（昭文社）は、僕が食べ歩きに目覚めた本だ。

その山本嘉次郎監督に『日本三大洋食考』（昭文社出版部）という名著があり、前述の「軍隊が日本中にカレーを広めた」という説は、この本のものだ。三大洋食とは、トンカツ、コロッケ、ライスカレー。ライスカレーからカレーライスへと呼び名が変わるのは高度経済成長期だという（「NIKKEI STYLE 裏読みWAVE」）。

ここで紹介するのは、三大洋食のうちトンカツとライスカレーとが合体した最強の料理「カツカレー」だ。カツカレーの元祖とされる店は3軒ある。まず有名なのは「銀座スイス」。巨人軍の千葉茂氏が「別々に食べるのは面倒くさい」と、カレーライスにカツレツをのせてほしいと要望し、1948年に誕生したという説（同店HP）。確かに皿盛りにした「カツカレー」という料理名の元祖は「銀座スイス」だ。

より古いのが1921年開業の新宿「王ろじ」だ。「路地の王様」を自称するこの店の「とん丼」は、皿と丼が一体化した専用容器に入り、カレーライスの上には薄いロースを丸く巻いたカツがのりソースがかけてある、という独特のものだ。「トンカツ」と呼んだ元祖とも言われるが、諸説ある。

そして、1918年開業の「河金 本店」の〝河金丼〟が正真正銘の「元祖カツカレー」と言えるだろう。2018年、エスビー食品が「～カツとカレーが出会って100年～ KATSU meets CURRY」というキャンペーンを行なったが、その小冊子の中でも「河金」がカツカレーの元祖として紹介されている。創業者の河野《こうの》金太郎氏は、当時モダンだった洋食に目をつけ、本人の名前を取った「河金《かわきん》」という日本最初の洋食屋台を出した。メニューは先に挙げた、トンカツ、コロッケ、ライスカレーの「三大洋食」である。

河金丼は、開店間もないある日、客のリクエストで誕生した。丼ご飯の上にせん切りキャベツを敷き、トンカツをのせてカレーをかけたもので、手狭な屋台で料理を盛り合わせて提供したことからごく自然に発祥したと言えよう。その後、「河金」は、国際劇場のそばに店を構える。戦後、二代目が考案した〝百匁《もんめ》とんかつ〟（375g）が有名になり、美空ひばり氏が食べに来たり、国際劇場のルイ・アームストロング氏の楽屋に出前したり。なかでも江利チエミ氏は常連で、店主は高倉健氏との結婚式にも招待されたそうだ。映画『男はつらいよ』21作目のロケ地にもなった。また、尺貫法復権を提唱して「匁の歌」をつくった永六輔氏とも親交があった。一時は店の裏手に別館もあったという。

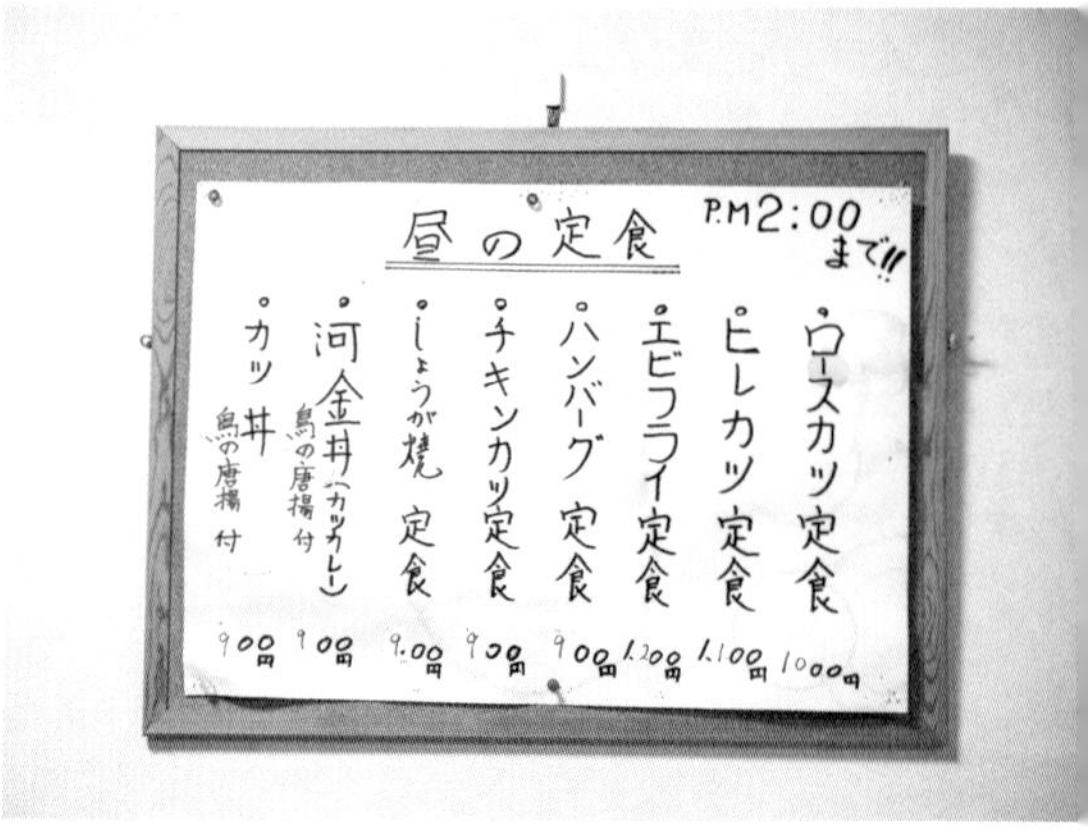

「河金本店」は1987年に閉店したが、暖簾分けされた初代の次男の「河金 下谷店」、またその次男の「河金 千束店」（1983年開業）が味を守っている（僕は3店舗制覇しています）。親族のみに配られた記録ビデオを拝見したが、屋台時代からの写真やテレビ番組で紹介された際の映像などの資料や解説が収められており、大変貴重な内容だった。

現在の千束店は、初代から数えて三代目の謙二氏が出前を担当し、四代目の貴和《よしかず》氏が調理を担当している。出入りの業者も、調理方法も、昔からのものを大切に守っているという。出前が8割、来店する客が2割と出前が多いのは、すぐ近くに吉原があるためだ。吉原で働く人々の健康とスタミナも、「河金」が守っているのである。

　河金丼のカレーは、豚肉の切れ端や筋と玉ねぎを煮込んで、そこに小麦粉をラードで炒めたルウ、カレー粉、醤油、砂糖などを加えて味を調えるという昔懐かしいもの。辛さは控えめで、豚の旨味とスパイスとがまろやかに調和している。豚肉をハンマーで何度も叩き、細かい生パン粉をまぶし、１００％ラードで揚げることで箸でも切れる柔らかさに仕上がる。

「特別なことをしているつもりはありませんが、河金丼の中でカツとカレーとキャベツが、穏やかに一体となっています。子供からお年寄りまで、誰が食べてもほっとする味だと思います」と貴和氏がおっしゃる通りの味だ。並が丼で、上（ロースかつ重・ヒレかつ重）はお重に入るというのが、鰻と同じでおもしろい。

　親から子、子から孫、孫からひ孫へと家族で守られてきた、河金丼。１００年前から愛されてきたこの「元祖カツカレー」を、あなたもぜひお召し上がりください。昨今は新しいものをありがたがりがちだが、今回は「守る」ということの価値を再認識させられたのでした。

上／開店祝いに贈られたという札が、風格と歴史を感じさせる。**下**／創業100年の暖簾を守る「河金 千束店」の外観。「河金 下谷店」もある。

本日のお会計	
河金丼（カツカレー）	900円
計	900円也
開店から14時までのランチタイムは鶏の唐揚げが付く。	

カレー部門	
店名	SPICE SPACE UGAYA
ジャンル	カレー
住所	東京都台東区浅草5-23-7
電話番号	070-7524-0444
ポイント	味 独 女
コメント	2018年開業。グルテンフリー。牛すじ、チキン、野菜など6種類800円〜。あいがけ1500円〜。松屋浅草に支店あり。

鮮やかなカレーの中に
どこか懐かしさを感じるのは、
「和だし」や「かえし」という
和食の技が重奏低音のように
潜んでいるからなのだ。

牛すじカレーとチキンカレーの合いがけ1700円。ご飯は黒米中心の雑穀米。紫キャベツのクミンマリネ、きゅうりと豆苗のアチャール、スパイス味玉など6種のトッピング。それぞれの味を楽しんだら、すべてを混ぜて。旨味が渾然一体となった味わいも陶酔するほどのおいしさ。

前回は、カレーが「国民食」になるまでの過程をまとめたが、今回は「カレーの進化」について年表で整理する。

明治時代　カレーは、明治時代にイギリスから入ってきた（後に「欧風カレー」と呼ばれる系統）。

1927年　飲食店として日本で初めて「純印度式カリー」を提供。

1949年　日本最古のインド料理専門店「ナイルレストラン」が銀座に開業。

1970～80年代　「マハラジャ」（1968年開業）、「サムラート」（1980年開業）、「モティ」（1987年開業）などが大人気になり、「ナン」とセットで食べる習慣が定着する。

1990年代　エスニックブームで「タイカレー」が身近なものになる。

1999年　横須賀が「よこすか海軍カレー」で町おこしをスタート。

2003年　「横濱カレーミュージアム」（2001～2007年）に札幌の「マジックスパイス」が出店し、「スープカレー」が全国に知られるようになる。

2007年頃～　「ゴーゴーカレー」など「金沢カレー」が話題に。

2017年頃～　大阪発の「スパイスカレー」が東京でもブームになる。

では今回のテーマ、スパイスカレーとは何か。『dancyu』2018年9月号「スパイスカレー 新・国民食宣言」特集などを参考に、僕なりにまとめてみる。

①1992年創業の大阪「カシミール」が源流だといわれる。
②ルウを使わずに、スパイスを組み合わせてつくる。
③ナンではなく、ご飯と合わせる。
④今までのスパイスの常識にとらわれない個性的な「俺系オリジナル」スタイルが特徴の「大阪スパイスカレー」というカルチャーが生まれる。

⑤複数のカレーの合がけや副菜を添えるスタイルは、スリランカカレーの影響といわれている。
⑥和だしを使うつくり手がいるのも特徴。鰹節、昆布、いりこ、あご、魚のあらなど多彩。
⑦バーや居酒屋の昼の空き時間に営業する間借り店もある。

1990年代、大阪で誕生した「スパイスカレー」の源流といわれる「カシミール」の後藤明人店主は、音楽ユニットEGO《エゴ》-WRAPPIN'《ラッピン》の初期メンバーでベーシストだったアーティストだ。

余談だが、EGO-WRAPPIN'は、多様なジャンルをクロスオーバーさせたサウンドでファンが多い大阪出身の音楽ユニット。近年は、ギターの森雅樹さん（森ラッピン）が浅草在住ということで、浅草を舞

右ページ／マスターの宇賀村敏久さん。カレーごとに使うスパイスや配合を変えて、注文が入ってから仕上げる。**上**／三社祭や町会の青年部がつくってくれたという提灯、鷲神社の熊手が飾られている。浅草の店らしい風景。**下**／奥に長い店内は、カウンター席のほか、テーブル席もあり。

台にしたオダギリジョー主演のドラマ『リバースエッジ 大川端探偵社』（テレビ東京）の音楽を担当したり、山谷を盛り上げるイベント「いろは会ミュージックフェス」（2014年・2015年）に出演したりと、浅草との縁が深い。僕も「正直ビヤホール」で、よくご一緒させていただいた。

その、EGO-WRAPPIN'ゆかりのスパイスカレーが満を持して浅草に登場した。その名も「SPICE《スパイス》 SPACE《スペース》 UGAYA《ウガヤ》」。何と血湧き肉躍る響きではないか！

「ウガヤ」とは何か。タミル語かヒンディー語か？　聞いてみたら、マスター・宇賀村敏久さんの「ウガ」であった。

「UGAYA」のカレーは独学だが、ルウおよび小麦粉を使わずにスパイスを組み合わせてつくるグルテンフリーのカレーだ。2018年オープンで、その前に1年間ほど近くのバー「Chanbow《チャンボウ》」でランチのみの間借りをしていた。和だしも使い、メニューには合がけもある……と、スパイスカレーの定石を踏んでいる。盛りつけも華やかだ。

「UGAYA」は料理の盛りつけだけでなく、店もオシャレだ。それもそのはず、マスターは元々デザイナーで、「テレビ朝日クリエイト」に所属し、グラフィック制作やWEBデザインも手がけていた。高校1年から20歳頃までは和食店でバイトしており、その経験も生きている。加えて、店を開く前にはスパイスの学校に2年通い、スパイスコーディネーターの資格も取っている。いろいろな要素が加わり、「UGAYA」のカレーはとてもクリエーティブだ。

注文は、まずカレーの種類を選ぶ。定番6種類(牛すじ・チキン・豚バラ・ドライキーマ・ドライ鯖キーマ・野菜）のほかに、週替わりカレーがあることも。2種類の〝合がけ〟がお薦めだ。ランチはすべて100円引きになり、ご飯（黒米中心の雑穀米）の大盛りは無料。次に辛さを選ぶ。「UGAYA」の辛さは13種類。宇賀村さんの奥さんの朋子さんのように辛さに弱い人のための「甘口」や娘の栞名《かんな》ちゃんも食べられる「子供用」もあり、マスターの愛情が伝わる。店のお薦めは2〜3辛。何でも辛けりゃいいってものではないのだ！　最後にトッピングを選ぶ。玉ねぎのアチャール（インド風漬物）・人参とアーモンドのラペなどの付け合わせは、4種盛り、6種盛りなどのセットが少量ずつで「味変」に便利だ。途中で全部混ぜ込んでしまうのも楽しい。ラーメン○○のように、何でも豪快ならいいってものではないのだ！

同僚の家庭科教諭・西條奈津さんは、僕よりも「UGAYA」にハマっている。彼女いわく、「どのカレーも、それぞれのコンセプトに合わせてスパイスを絞り込んでいる潔さがいいです。豚バラカレーは八角を使っていて甘さを感じるし、野菜カレーも野菜ごとの味が生かされているし……。でも私は、カルダモンが効いているものが好きなので、チキンカレーが〝ドストライク〟です」と。さすが家庭科！　おっしゃる通りで、「UGAYA」には32種類のスパイスがあるが、一つのカレーに使用するスパイスは10種類以下に抑えているという。何でも多けりゃいいってものではないのだ！

まずは、基本の和だし（昆布、椎茸、鯖節、宗太鰹、するめ等）をひく。そして、塩味の調整には、かえし（そばつゆの素）を使う。インスタ映えする鮮やかなカレーの中にどこか懐かしさを感じるのは、これらの和食の技が常に重奏低音のように潜んでいるからなのだ。スープストックもフォンドボー、チキンブイヨン、中華風などカレーごとにつくり分けられている。

店の看板は〝牛すじカレー〟。黒毛和牛を使用し、プルンと柔らかく旨味が凝縮されている。この値段で出せるのは、町会の方に生産者を紹介してもらったからだという。マスターは地元出身のため、「UGAYA」で使っている食材やお酒のほとんどは、友人や先輩や地元の方々の伝《つて》で集められている。人脈の広さも実力のうちだ。

〝ドライキーマ〟にも黒毛和牛ともち豚の合挽きを使うという贅沢さ。〝ドライ鯖キーマ〟には和風の大葉や小ねぎがトッピングされる。どうです、気になるでしょ？

「UGAYA」は僕の職場からは近くてありがたいのだが、どの駅からも離れている。カウンター6席、テーブル10席とこぢんまりした店だ。クラフトビールを中心に、ワイン、ウイスキー、カクテルなども充実。夜は、肴は野菜を中心に、スパイスを使った珍しいメニューが揃う。〝ポテトサラダ生胡椒和え〟や〝チキンソテージャマイカ風ソース〟でビール、〝好きなカレーのソース＆バゲット〟でワインなんて、考えただけでたまらない！　僕が通い始めた頃はメディア未登場だった。「よし、一番乗りだ！」と取材時期を調整しているうちに、残念ながら『Hanako』や『ぴあ』に先を越されてしまった。なかでも『カレーマニア』（枻出版）では、「新世代のカレー神7」に選出された。快挙！　素晴らしい！　めでたい！（しかし、悔しい思いも残る神林なのであった）

「食べる漢方薬」とも言われるカレーの効能を調べてみたところ、食欲増進、発汗作用（はこれ以上いらないとして）、抗酸化作用、疲労回復、美肌効果のほか、胃腸の働きを高める、脂肪の代謝の促進、アルコール

の代謝を促す、アルツハイマーの予防（？）と、まさに今の自分にぴったりの料理だと判明した。「浅草ベスト・ランチ100」の下調べで食べ歩き、すっかり太ってしまったので（責任転嫁だ！）、せっせと「UGAYA」に通ってダイエットに励みたいと思う今日この頃だ。
「UGAYA」のカレーからはマスター宇賀村さんの人生が伝わってくる。あなたもきっと、おいしく、健康的で、オシャレな「デザイナーズカレー」の虜になりますよ。

右ページ／センスと工夫が詰まった「UGAYA」と宇賀村さん一家。**上**／ドライキーマ1050円は、スパイシーな香りとガツンと来る刺激。黄身のコクが加わり、さらに奥深い味わいに！

本日のお会計	
あいがけカレー（牛すじカレー、チキンカレーをチョイス。辛さは店お薦めの2辛）	1700円
トッピング6種盛り450円	450円
計	2150円

土日祝限定ランチ部門	
店名	**ルディック**
ジャンル	フレンチ
住所	東京都台東区浅草3-18-6
電話番号	03-5849-4169
ポイント	味 人 雰 女
コメント	2016年開業。オーナーシェフはパリやコルシカ島で修業。遊び心のある正統派。ランチコース2200〜3850円。

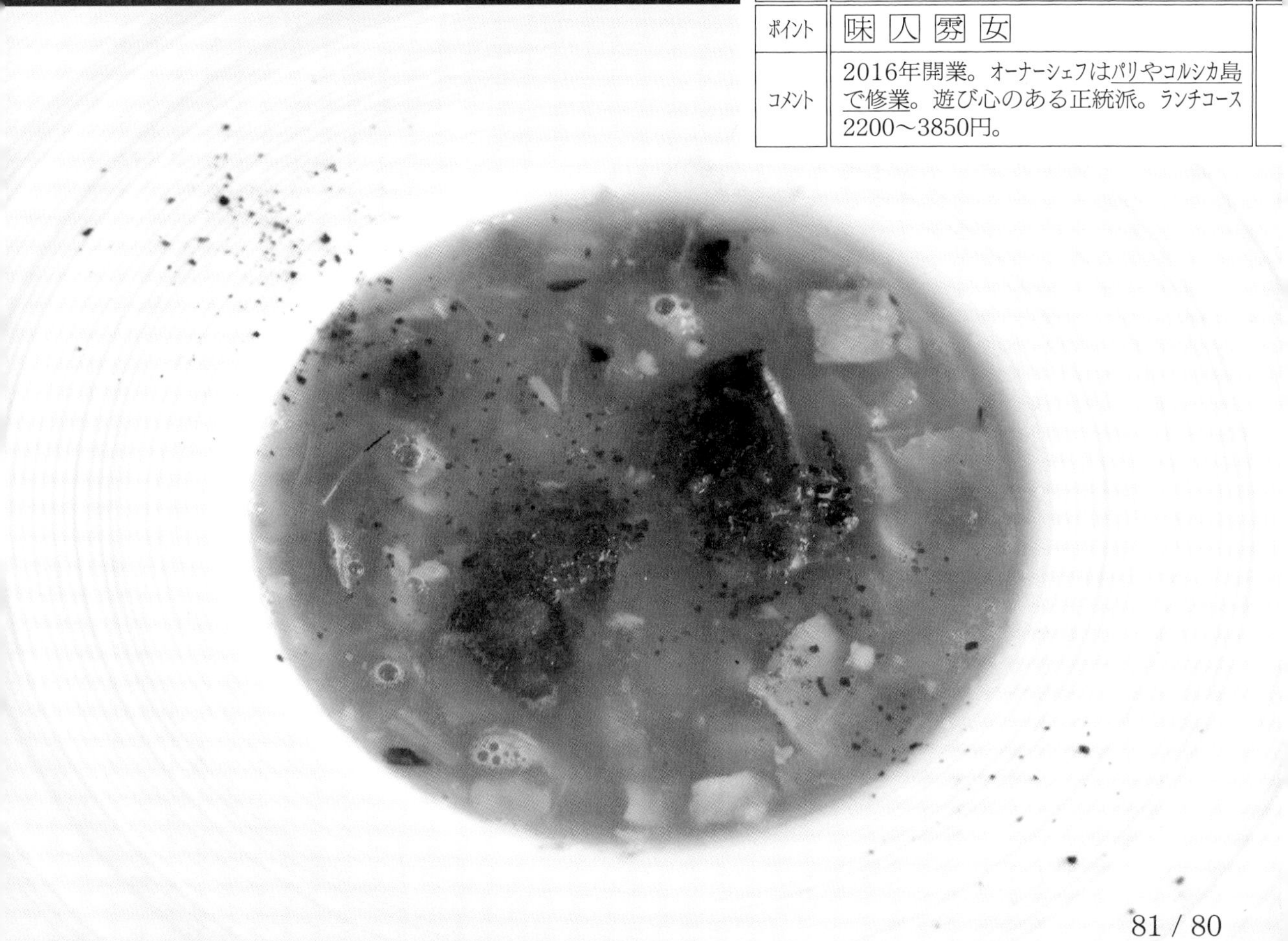

右ページ上／ある日のランチコース3850円より。フォアグラを包んだ最中に、フランボワーズと冬みかんのジャムを添えて。ジャムは時季のものを。この後に、オードブルが続く。**右ページ下**／鴨のコンフィが入ったスープドガルビュール。**上**／メインの魚介は、牡蠣のムニエル焦がしバターソース。**下**／メインの肉料理、北海道エゾ鹿のローストポワブラードソース。美しい火入れの鹿肉に、エゾ鹿の骨でだしをとった骨太なソースをからめて。

正統でいて遊び心を発揮するこの店を、コース仕立てで紹介しよう。

土曜、日曜、祝日限定ランチの巻である。一般的にランチは、近所の住民やサラリーマンなど、リピーターに照準を合わせて設定される。しかし土日祝限定のランチには、遠方から来店するお客さん、新規のお客さんの開拓など、普段とは違う意味合いが考えられる。そのため、専門店や人気店で毎日はランチを出す余裕はない店でも、より力を入れたり、お得であったり、限定メニューがあったりと、楽しいランチが用意されている店が多いのだ。

一軒目に紹介するのは、フレンチ「ルディック」である。フルコース仕立てで紹介しよう。

◉オードブル

オーナーシェフの大塚勝也氏は、調理学校に通っていたとき、老舗洋食店の根岸「香味屋《かみや》」でアルバイトをしていた。コンソメやフォンをきちんととることで料理がおいしくなると身をもって体験。フレンチの基礎を身につける大切さを教わり、自分の道をフレンチに定めることになる。

24歳の時に言葉も話せないのにフランスに武者修業に出る。大塚シェフは「若かったからできたんです」と笑う。パリやコルシカのミシュラン星付きレストランなどで3年間働き、東京に戻ってからは青山「ロアラブッシュ」に入った後、系列店のシェフも経験。目黒「キャス・クルート」では料理長を経験して経営も学んだ。そして、2016年12月に「ルディック」をオープンする。

◉スープ

どんな料理をモットーにしているのかという僕の問いに、大塚シェフは僕の目を見ながら「正統派フレンチ」ときっぱりと答えた。この言葉に、僕はショックと新鮮さを感じた。なぜかというと、僕が教員になり自分の財布で外食できるようになった頃、1970年代はポール・ボキューズ氏に代表される「ヌーベル・キュイジーヌ」（新しい料理）の真っ只中だったからだ。今までの「オート・キュイジーヌ」（フランスの伝統的高級料理）が「太る料理」とされ、「バターたっぷりの重いソースから軽いソースへ」「自然の味を残すため調理時間は短く」「独創的な組み合わせを目指す」などが提唱される。和食の影響を多大に受けた新しいフレンチは、日本人になじみやすいものだった。

1980年代に入るとジョエル・ロブション氏に代表される「キュイジーヌ・モデルヌ」（古典回帰）が台頭する。フランス料理の伝統技法を土台としながら新しい調理技法を融合させたものだ。しかし、新しもの好きで、表面的なことばかり真似するという日本人の持つ悪い傾向から、見た目重視の奇をてらった「創作フレンチ」の店が増えていく。

そこに「黒船」が襲来する。1980年代後半から1990年代の「イタメシ」ブームだ。日本人にとってはイタリアンのほうが、より気軽で、身近に感じられたのだ（スパゲッティやピザの延長線上として）。

◉魚料理

僕もフレンチからは足が遠のいていたが、最近、浅草近辺のフレンチを食べ歩き、その魅力を再発見しつつあった。僕が大塚シェフの言葉にショックを受けたのは、日本人に誤解され続けてきた「正統派フレンチ」を堂々と宣言されたからだ。

そして、シェフの料理を食べて、「あー、こういうことか」と納得した。シェフのいう「正統派」とは、古典的なフレンチの基本であるソースをことに大切にすることだという。店名の「ルディック」とは「遊び心」という意味。シェフは、伝統的な本格派フレンチを基礎にしつつ、そこ

練乳を使った、ルディックの濃厚プリン。程よい硬さで美味。

に遊び心という独創性を加味し、自分独自の世界を構築しているのだと。これは新鮮な驚きだった。

◉肉料理

今回は３８５０円の〝シェフ任せフルコース贅沢ランチ〟をいただいたが、その「遊び心」が遺憾なく発揮されているのが、スタートを飾る〝フォアグラ最中〟。浅草を意識した一品だが、見た目といい、味といい、びっくりした。

次に、「ルディック」の魅力が凝縮しているのが、メインの〝北海道エゾ鹿のロースト ポワブラードソース〟だ。まずエゾ鹿の肉が美しいロゼに仕上がり、弾力があるのに驚くほど柔らかくジューシー。エゾ鹿は、2~3歳の雌を好んで使うという。そして、そこにかけられるポワブラードソース。エゾ鹿の骨を使い胡椒の効いたパンチのある骨太なソースは、ソースにこだわるシェフの真骨頂である。

僕はシェフの「ジビエ（野生の鳥獣）料理」が大好きだ。「ルディック」では鹿、猪、鴨、山鳩などが楽しめる。シェフも「ジビエはアプローチが食用肉とは全く違い、調理法も多く、実物を見てから考えるのが楽しい」という。やはり遊び心だ。そして、デザートの〝ルディックの濃厚プリン〟。練乳を使った、店の一番人気だという。甘いものは苦手な僕も、ペロッといただいた。

シェフは、「伝統料理を大切にするが、そこに縛られないことが必要だ」とも言う。目指しているのは「カジュアルなガストロノミー（美食）」。気取らないで楽しめるちょっとした贅沢だ。カウンター7席、テーブル8席。カウンターではお鮨屋さんのような感覚で、アラカルトも楽しんでいただきたいそうだ。

シェフは、ソムリエの資格も持っている。自分で料理とのペアリングをイメージしたワインを提供したいという思いからだ。フランスワインを中心にナチュラルワインもあり、常時8種類ほどの〝おすすめグラスワイン〟があるのがうれしい。しかも、メニューにはワイン1本1本に味の特徴がチャートとして添えられているのが楽しいし、僕のようなワイン初心者には勉強になりありがたい。

ここで、浅草のフレンチについて書きたい。ここ数年、浅草観音裏には若い料理人の店が増えている。僕の若い頃は、この辺りは「花街」なのでハードルが高く、なかなか近寄れなかった。老舗が減ってきた今、新しい風が加わり、観音裏は新旧のバランスがとれたよい街になってきていると思う。

「浅草ランチ・ベスト１００」の西洋料理部門では、蔵前「ビストロモンペリエ」、駒形「ビストロマエダ」をリストアップしている。ランチはやっていないが、西浅草「ガンゲット・ラ・シェーブル」（１９９５年開業）は14時から営業している古株だ。本書でも紹介する「ちゃこーる」（１８８ページ）は、この店が出したフレンチ焼き鳥屋「萬鳥《ばんちょう》」出身。

しかし、実力店が次々にオープンしているのは観音裏である。僕は、それを勝手に「観音裏フレンチ四天王」と呼んでいる。

一軒目は「noura《ノウラ》」。ミシュラン二つ星「Hommage《オマージュ》」（２０００年開業）の姉妹店として、２０１８年に「Hommage」の裏に開店した。２０２０年3月からはランチ1万１０００円（サ別）と高級店となっている「Hommage」が、創業当時に出していたようなメニューを格安で提供する店だ。穴場だったのだが『ミシュランガイド東京2020』において、「ビブグルマン」に選出されたので、これからは……。

二軒目は、今回紹介している「ルディック」（2016年開業）。三軒目は「しみいる」（2016年開業。こちらも「浅草ランチ・ベスト100」の「土日祝のみ部門」にリストアップしている）。四軒目は「Pétanque《ペタンク》」（2017年開業）で、ひとり飲みにはよいが、ランチ営業はしていない。「マイクロビストロ」を名乗り、カウンター8席のみで、スモールポーションの料理をワインとともに楽しめる。2018年、2019年と2年連続で『ミシュランガイド 東京』の「ビブグルマン」を獲得している人気店なので、なかなか予約が取れない。

◉デザート

最後に、ワインについて少々。実は僕は、ワインには弱い。というか、根っからの凝り性なので、意識してハマらないように避けてきたと言ったほうが正確だ。しかし、最近はナチュラルワインが気に入っている。

僕が行く「**浅草観音裏ワインの店・ベスト6**」で今回を締めくくろう。

①ペタンク……マイクロビストロ。ナチュラルワインをグラスワインで。
②ルディック……グラスワインの種類が豊富。21時以降はワインバー風に。
③しみいる……フレンチ。ナチュラルワインのフレンチ。21時以降はワインバータイムに。
④浅草ワイン屋 ヴィーノアベ……コルクを抜かずにワインを注ぐ「コラヴァン」を使用。
⑤ワインバー クロドユータ……ポートワインなど世界各地のおいしいワインが楽しめる。
⑥ベヴィトーレ……ワインとイタリアンの店。金曜、土曜、日曜はパスタランチがお得。

上／オーナーシェフの大塚勝也さん。ワインのメニューに「軽い⇔重い」「フルーティー⇔ドライ」を数値で表記するなど、ワインにも親しみやすい工夫を凝らしている。

本日のお会計	
ランチコース	3850円
赤ワイン（グラス） コート・デュ・ローヌ ヴァルヴィニエール （シラー100％）	990円
計	4840円也

土日祝限定ランチ部門	
店名	**グロワグロワ**
ジャンル	豚料理
住所	東京都台東区浅草2-26-5
電話番号	03-6231-6309
ポイント	味 人 独
コメント	2016年開業。幻の今帰仁アグー豚を提供。ランチは1100円～、特選コース2970円。

脂が甘く、きめが細かくしっとりした肉質のローストポーク。一般の三元豚に鹿児島の至宝黒豚を掛け合わせた〝上州四元豚〟を用いている。ランチには、豚の筋や切り落としなどでだしをとった日替わりのスープとパンが付く。

薄くスライスされたローストポークは、柔らかく肉汁があふれる。生姜焼き風のクリームソースもぴったりだ。

NHKの生活情報番組『ガッテン！』にも登場した、豚愛にあふれた豚博士の豚料理専門店だ。店の名は「グロワグロワ」。オーナーシェフは栗山裕二さん。予備知識なしには太刀打ちできないので、少し予習しておこう。

まずは「三元豚《さんげんとん》」について。あなたは、三元豚とはブランド豚のことだと思っていないだろうか。僕はそうだった。確かに「平田牧場三元豚」「折爪《おりつめ》三元豚・佐助（佐助豚）」「和豚もちぶた」などのブランド三元豚はある。しかし、三元豚とは品種名ではなく、3種類の品種の豚を掛け合わせた「三元交配豚」のことで、日本国内で生産される食用豚の98％を占めているのだ（欧米ではほとんどが四元豚）。もっとも主流の組み合わせは、「ランドレース」「大ヨークシャー」「デュロック」。有名な「かごしま黒豚」（六白黒豚、4本の足先・鼻・尾の6カ所が白い）はバークシャー種だそうだ。また「TOKYO X」は新しい合成種である。

次に、日本での「世界三大豚」は、スペインの「イベリコ豚」、中国の「金華豚《きんかぶた》」、そして沖縄の「あぐー」と言われている。

先に挙げた豚はすべて食べたことがあるので大丈夫だろう、と「グロワグロワ」に道場破りに行ったのだが、あまりのレベルの違いに瞬殺されてしまった。扱っている豚がケタ違いの「幻の豚」なのである。

その豚の名は「今帰仁《なきじん》アグー」と「国宝ブラックポーク」の2種類だ。まず、今帰仁アグー。僕たちが知っているのは「アグー」ではなく「あぐー」だ。あぐーは沖縄県農業協同組合の登録商標（1996年）で、琉球在来のアグーの血を50％以上有する戻し交配の豚だ。一方「今帰仁アグー」は、日本唯一の限りなく純血に近い幻の豚なのだ（2012年に商標登録、2014年に食の世界遺産といわれる「味の箱舟＝アルカ」に認定）。

そもそも「今帰仁」が読めますか？　「今帰ったにー」などと酔っ払いのお父さんのように読んではいけない。「なきじん」。沖縄県国頭《くにがみ》郡の村名だ。僕も、沖縄修学旅行の事前学習のため沖縄に深く関わるまでは読めなかった。本島のバスガイドさんの鉄板ネタに「沖縄の美人の系統2種類」というのがあり、南の丸顔の色黒美人を「糸満《いとまん》美人」、北の細面の色白美人を「今帰仁美人」というのだそうだ。これで一発で覚えたでしょ？　僕も今帰仁美人には憧れても、今帰仁アグーは知らなかった。不覚！　年間生産300頭のみ、一般の豚の3倍以上の肥育期間とコストがかけられるという。

もう一種類は「国宝ブラックポーク」（一般には流通していないので、このネーミングは栗山さんのオリジナル）。中国4000年の至宝（これも栗山さん流）「満州豚」と、ハンガリーの国宝「マンガリッツァ豚」

内もも、外ももの部位を低温調理で10時間かけて火入れする。注文ごとに、大きな肉の塊からスライス。うるうるとしたロゼ色の断面が美しい。

という二つの国宝級の豚を掛け合わせた幻の黒豚（二元豚）だ。「満州豚」も1972年、日中友好の証としてパンダ2頭（カンカン・ランラン）とともに中国から寄贈されたという経歴を持つ希少な物凄い豚なのだ。一方の「マンガリッツァ豚」は、2004年にハンガリーの国宝に認定された。国が保護・管理し、限られた生産が行なわれている珍しい「食べられる国宝」だ。

栗山さんは、30歳まではバンド一筋だった。ヨーロッパを旅行したときに「豚の文化」の奥深さに触れたことが、今の店につながる。豚は欧米では「幸せのシンボル」だそうだ。豚肉専門という前例のない店だが、肉の利用範囲も広く、調理法もバラエティーに富む豚肉は、料理していて一番おもしろいという。

「部位ごとに調理法を変える豚肉専門店」「幻のアグー豚専門肉バル」「幻のローストポークと自然派ワイン」と、店のキャッチフレーズがいろいろあるのも、こだわりの証だ。店名の「グロワグロワ」は、フランス語の豚の鳴き声（中国語は「ホンホン」、英語では「オインクオインク」、ロシア語だと「フリュフリュ」）。中野で8年間営んだが、道路拡張のため2016年に浅草に移転してきた。カウンター4席、テーブル12席。

ランチはこんなメニューがある。

①〝**コク濃ポークカレーランチ**〟1100円は、じっくり煮込んだコクうまポークカレー。ローストポークものっていて、スープ、サラダ付き。

②〝**本日のおすすめランチ**〟1650円は、通常ディナーで提供する希少な豚肉の料理。スープ、オーガニック野菜のサラダ、パン付き。

③〝**本日のパスタランチ**〟1650円は、自家製の濃厚なボロネーゼや、野菜の旨味がたっぷりのトマトソースのパスタが登場。スープ、オーガニック野菜のサラダ付き。

④〝**シャルキュトリーランチ**〟1650円は、こだわりのシャルキュトリー3種類。ワインが飲みたくなってしまう！　スープ、オーガニック野菜のサラダ、パン付き。

ほかに予約限定で、〝ランチプレミアム〝プチ〟コース〟2750円や、〝ランチプレミアム〝特選〟コース〟3850円もある。

今回僕がいただいたのは、これ。

⑤〝**特選ローストポークランチ**〟1320円。自慢のローストポークをランチタイムだけのお得な価格で、たっぷり堪能できるのだ！　スープ、オーガニック野菜のサラダ、パン付き。

上州四元豚の内ももと外ももの5kgの塊肉を、57℃で低温調理すること10時間！　薄くスライスされたローストポークは、柔らかく肉汁があふれる。生姜焼き風のクリームソースもぴったりだ。絶対お得！　5kg限定、売り切れ御免なので早い者勝ちですよ。

メルマガ「グロワ倶楽部」に登録すると「お薦めメニュー無料!!　もしくはフランスワイン半額!!　またはお薦めの金の豚コース5000円が3980円に！」という破格のサービスが受けられる。これは、ほぼ毎日更新するメルマガで、あふれる「豚愛」と「豚の知識」をお裾分けしたいという栗山さんの熱い想いの表れなのだ。

ここで豚について少し。よく「関西の牛、関東の豚」という。確かに

カツと言えば西は「牛かつ」、東は「とんかつ」。西の牛の「どて焼き」、東の豚の「もつ煮込み」。関東では肉と言えば豚なので「肉まん」だが、関西では肉とは牛のことなので「豚まん」と言う。

関東の豚文化を端的に表しているのが「やきとり」だ。1950年代頃までは鶏肉の「焼鳥」は高価だったので、豚の焼鳥風串焼きを平がなの「やきとり」として売っていたのだ（「やきとん」という名称は人気がなかった）。僕の若い頃は看板に「やきとり」とあっても、鶏は「正肉」「皮」ぐらいしかなく、「タン・ハツ・カシラ・シロ・レバ」といった豚がメインだった。今でも使い分けている店も多い。「焼鳥」と明確に区別するために「もつ焼き」という呼び方も生まれた。なかでも、下町は豚の町、もつ焼きの町だ。2015年6月までは「豚のレバ刺し」なども普通に（自己責任で）食べられていた。

最後に**「浅草・豚の四天王」**をご紹介しよう（とんかつ屋は除く）。

①**「喜美松」**……1980年開業。観音裏の豚もつ料理の名店。ゆでもつ刺しなど豊富。

②**「グロワグロワ」**……2016年開業。ひさご通り。唯一の洋風豚肉料理専門店。

③**「千代乃家」**……1951年開業。伝法院通り。「もつ焼き」と呼んだ元祖と言われる。

④**「もつ政」**……1984年開業。西浅草のもつ焼き。『吉田類の酒場放浪記』（BS－TBS）登場。

右ページ／生姜、醤油、生クリームなどを合わせたソースをかけ、粗挽き黒胡椒をふって完成。添えられたオリジナルのミックススパイスや竹炭塩などで、味変を楽しんで。**上**／皿は迫力があるも、店内は落ち着いた雰囲気。**下**／ローストポークは完売必至。このコロナ禍では、テイクアウト販売に力を入れている。

本日のお会計	
特選ローストポークランチ	1320円
計	1320円也
毎月28日・29日にかなりお得なローストポークのテイクアウトを販売中！ https://9mai087.wixsite.com/specialoffer	

大将は、ざっくばらんで
天真爛漫だ。
ぼやいている割には、
大将はサービス満点だ。

土日祝限定ランチ部門	
店名	**点心爛漫**
ジャンル	点心
住所	東京都台東区西浅草2-17-2
電話番号	03-3844-5739
ポイント	★ 味 人 C
コメント	2010年開業。夜も土曜、日曜、祝日のみ。テイクアウトとイートイン。点心ランチ600円。点心全品500円。

上／カニシューマイとエビシューマイ。通常一種3個入りのところ、2個ずつ合い盛りにしてくれた。熱々、ジューシーでむっちりとした弾力。**左ページ上**／店頭の蒸し器から湯気が立ち上る。肉まんはテイクアウトが可能。足を止める通行人もちらほら。

今回は、46ページで紹介した「居酒屋 喜林」に勝るとも劣らない「激セマ・個性派」の登場だ。店の名は「点心爛漫」。中華の点心専門店なのだが、まずこのネーミングが秀逸だ。点心の花盛りのようで、思わず食欲が刺激される。しかし、店の外観は「きたなシュラン」（フジテレビ『とんねるずのみなさんのおかげでした』の「きたな美味しい店」）レベル（失礼！）。

黄色い看板の店は、店頭に並ぶ食品サンプルがなければ、派手な売店にしか見えない。狭い入り口を入ると、カウンター5席のみ。先客の後ろを通るのもひと苦労だ。しかも、ランチどころか店自体の営業が土曜・日曜・祝日のみなのだ。

大将の花井茂さんは、実は青山にも店を持っている。「元祖 紙やき ホルモサ 新青山ビル」という紙やきと中華料理の店だ。「紙やき」とは、羊肉と野菜を鉄ザルに和紙を敷いた紙鍋で食べる独特の料理のこと。大将は、日本橋「ホルモサ」（1955年〜2002年）から1978年に暖簾分けされて青山「ホルモサ」を開店した(今の日本橋の店は「旧ホルモサ」から店の名とレシピを受け継いだ「新ホルモサ」だ)。「ホルモサ」とはポルトガル語の「ポールモッサ」（美しい緑の島）で台湾のことを指しているという。もともとは台湾系の店だったのだ。

「点心爛漫」があるのは、かつて「ホルモサ」の点心類の仕込み場だったところ。以前は中国人の店長に任せていたが、現在は土曜・

大将の花井茂さん。下町育ち、べらんめぇ口調のぼやきがくせになる。

日曜・祝日限定で大将自らが店に立っているというわけだ。

「本当はやりたくねぇんだけどよぅ、いろいろ大変なんだ、商売は」と、下町育ちの大将はべらんめぇ口調でぼやく。

「何でもいいからよぅ、適当に書いといてくれよ」

大将は、ざっくばらんで天真爛漫だ。ぼやいている割には、サービス満点だ。点心類も飲み物もほとんど500円均一。

「餃子も小籠包も仕込んでんのは俺じゃぁなくって、中国から連れてきた点心師にやらせてんだよ」という点心類は、どれも本格的。西浅草の路地裏でこんな本物に出会えるとは驚きだ。町に増殖している東北料理系の激安食べ放題の店とはひと味もふた味も違うのだ。しかも、青山店より一皿100円安い！ 焼売《しゅうまい》は蒸籠《せいろ》に3個入りのところ、「カニとエビ、2個ずつ入れてやろーか」とか、「これ食うか？」とザーサイなどを出してくれたりするときもある。

中国では「餃子は皮を食べ、焼売は肉を食べる」と言う。その通り、焼売は肉々しく、水餃子は皮が旨い。しかし、焼き餃子は日本式だ。大ぶりの餃子の中にはにんにく入りの餡がたっぷり詰まっている。これは、誰が何と言ってもビールでしょ！ 土曜・日曜・祝日の営業なので、昼飲みも許してね。ご飯はないが、〝辛味噌ラーメン〟も500円！

大将の「天真爛漫」さは、「無邪気」という意味ではない。「飾ったり

水餃子は焼き餃子とは別の皮で包んであり、スープに入って供される。

気取ったりせず、ありのままであること」（『大辞泉』）ということ、つまり、裏表のない気風《きっぷ》の良さ、江戸っ子の心意気のようなものが大将の魅力だと思う。だからオヤジ客だけでなく、若い客も、女性客も集まるのだ。餃子フリークとして有名で、自ら芸能人餃子部の部長を名乗る鈴木砂羽さんがこの店を訪れ、WEB『鈴木砂羽の餃子道』で「隠れ家的センベロ餃子酒場」として紹介しているのがおもしろい。

カウンター後ろの壁には、メッセージがいっぱいに書かれている（鈴木砂羽さんのものも）。当初は、全都道府県集めようと始めたのだが、最近は、パリ、カナダ、ニュージーランド、メキシコなど、欧米人のサインも目立つ。

「近くにゲストハウスとかいう安宿ができてよう、みんな店の前を通ーんだよ」と、言葉なんか通じなくても、大将にはまったく問題ないのだ。外国人団体が立ち飲みで厨房側まで入ってパーティーをすることもあるのだとか。

実は、平日も常連さんが不定期に店に集っている。土曜・日曜・祝日も常連さんが勝手に手伝ったりする、愛される大将のどこまでも天真爛漫な店なのであった。ただしトイレの扉は、カウンターの向かい側のメニューが張ってある場所なので、女性は入りにくいのでご注意を。

ここで、僕の「餃子愛」を語らせていただきたい。僕のソウルフードは餃子であり、最後の晩餐もビールと餃子に決めている。それは、母親が満州（日本の傀儡《かいらい》国家だった中国東北部）生まれの「引揚者」だからだ。父親は学徒出陣の「神風特攻隊」だったので、二人のうちどちらかが戦後日本に存在しなかったら、今の僕は生まれていない。

餃子は、戦後に満州帰りの人々によって広められたと言われる。僕は

壁には世界各国からの客のサインがぎっしり。近隣のゲストハウスの外国人客の姿も。

幼い頃、母の手伝いをして皮から餃子を手づくりしていた記憶があり、年季が入っているのだ！

日本の餃子の元祖については諸説あり、宇都宮や浜松は太平洋戦争前からあったと主張している。野毛の「萬里」（1949年開業）も焼き餃子発祥の店と言われる。しかし、僕は「日本式のにんにく入り焼き餃子」の元祖（少なくとも全国に広めた店）は渋谷「珉珉《みんみん》」だと信じている。僕の実体験、店で聞いた話を踏まえ、『東京現代遺跡発掘の旅』（散歩の達人ブックス）、『3度のメシより!?レバニラ炒め』（宝島社）、ブログ「とんちゃん日記～大阪・珉珉と渋谷・珉珉、そして焼き餃子」などを参考にまとめてみる。

① 満州は豚が育ちにくく、餃子も羊肉が主流だった。現在も東北料理の名店、神田「味坊」の餃子は羊肉だ（教え子が働いていました）。

② 1948年、引揚者の高橋通博氏と中国人の妻が百軒店付近で「友楽」を開き、その後「恋文横丁」に移って「珉珉」と店名を変更。1967年に京王線ガード下付近に移転、「珉珉羊肉館《ヤンローカン》」となる。僕が大学時代によく通っていたのは、この店舗になってからだ。しかし、2008年に残念ながら閉店してしまった。

③ 当時、日本でも豚肉より羊肉が安かった。そして、日本人になじみのない羊肉のにおいを消すために餃子の餡ににんにくを入れた（本場中国では入れない）。また、主食としての水餃子よりも、おかずになる焼き餃子のほうが日本人には喜ばれた。これが「鍋貼《コウテル》」、水餃子が冷めてしまったときに鉄鍋で焼き直したものだ。メニューにも「鍋貼児《コウティアル》」と書かれていた。

④「珉珉羊肉館」で餃子づくりを修業した友人の古田安夫氏が、1953年に大阪でチェーン店「元祖鍋貼餃子 珉珉」の1号店をオープン。にんにく入り餃子が全国に広まっていく（店舗数が現在よりも多かった1999年は直営、フランチャイズ合計115店）。今でも餃子を注文すると、「イーガー・コーテル（1個・鍋貼）」と符丁で注文が通る。ライバルの「餃子の王将」も同じ符丁なのはどうしてだろう？

⑤ 赤坂の名店「珉珉」（1965年開業）は、渋谷の料理長が暖簾分けで独立した直系店だ。

⑥ 全国に「みんみん」という屋号の飲食店は多い。宇都宮最古の餃子屋「宇都宮みんみん」（1958年開業）も東京の評判店「珉珉」にあやかって名付けられたという。しかし、渋谷「珉珉」を起源とする店以外は「珉」の文字を使用する資格はない。なぜなら、創業者の中国人妻「陸温珉さん」の名前から一字を取って屋号にしたのだから。日本式焼き餃子誕生の陰には、こんな夫婦愛の物語も潜んでいるのだ(登録商標となっている)。

最後に、僕の**「浅草の餃子ベスト5」**をお教えしよう。

右ページ上／カウンター席に通じる入り口は、人一人が通れるほどの狭さ。なにやら濃厚な雰囲気が漂う。**右ページ下**／狭小店内もなじめば天国。**上**／小籠包にシューマイにフカヒレ餃子に焼餃子。オール500円。点心が爛漫だ。

①**「点心爛漫」**
②**「十八番」**（108ページ）
③**「GyozaBar けいすけ」**（神戸味噌だれ餃子とワイン）
④**「餃子の王さま」**（『ミシュランガイド東京2018』より「ビブグルマン」）
⑤**「龍王」**（19時開店の夜の町中華）

本日のお会計	
焼餃子	500円
水餃子	500円
エビシューマイ＆カニシューマイ	500円
生ビール	500円
ハイボール	500円
計	2500円也
ほかに、ザーサイ、シューマイ、ふかしたてのじゃがいもをおまけしてもらいました。	

アロス・デ・マリスコス（海鮮ポルトガルごはん）。具は日替わりで、この日はアン肝、海老、アサリ、ムール貝と海鮮の旨味が爆発！　ランチは、サラダと飲み物が付く。

西洋料理・洋食部門	
店名	**ポルトガル食房 ジーロ**
ジャンル	ポルトガル
住所	東京都台東区浅草3-23-5
電話番号	03-6802-3380
ポイント	味 人 独 女
コメント	2014年開業。ポルトガルごはん、海鮮リゾットなど、ランチコース1760円～。サラダ、ドリンク付き。予約優先。受け入れ人数制限あり。

アロス・デ・マリスコス（海鮮ポルトガルごはん）は魚介の旨味が爆発して、一度で虜になること請け合いなのだ。

ここからは「西洋料理・洋食」部門だ。「土日祝限定ランチ」で紹介したフレンチのほかにも、浅草には魅力的な新店が増えている。そんな中から、一軒目は「ぐるなび」で調べても東京に14軒しかないポルトガル料理。なじみがない感じだが、いやいや、ポルトガル料理は日本人にとってとてもなじみやすいのだ。

16世紀、日本にいち早く渡来し南蛮貿易を始めたのはポルトガルだった。フランシスコ・ザビエルによってキリスト教が伝えられ、天ぷらを筆頭に、タバコ・パン・カステラ・バッテラ・ビスケット・キャラメル・コンペイトウ・飛竜頭《ひりょうず》（がんもどき）などは皆ポルトガル語由来である。

南ヨーロッパのイベリア半島で、スペインと大西洋に挟まれているポルトガルの食文化は、多くの国との関係抜きには語れない。ローマ帝国の時代にはワインの製法が伝わる。8世紀からのイスラーム統治下では米やコリアンダー（パクチー）が入ってくる。一方、12世紀からのポルトガル王国は、大航海時代にアメリカ大陸（ブラジルなど）・アフリカ・インドなどに広大な植民地を獲得し、世界の料理に影響を与えると同時に、ポルトガルにもパプリカ・唐辛子・スパイス類など多種多様な食材や料理が取り入れられる。

「ポルトガル食房 ジーロ」オーナーシェフの古川治郎さんは「魚の申し子」だ。魚好きが高じて北里大学水産学部三陸研究所で学生時代を過ごし、岩手の海の幸に魅了される。なんと水産学士の料理人なのだ。そ

の後、全国の日本料理店で魚介料理や鮨を学ぶ。魚の下処理やさばき方は誰にも負けない。その傍ら古代ハムの製法にも興味を抱き、練馬「Ｌａ毛利」で南欧料理を学ぶ。海洋国家であるポルトガルは、日本と同じく魚介類・魚介料理が豊富だ。古川シェフが日本では知名度の低いポルトガル料理へと進んできたのには必然性があるのだ。

古川シェフは、２０１４年に埼玉で店を持ち、２０１８年に浅草に移転してくる。店名の「ジーロ」は、元はイタリアの自転車レース名なのだが「イイネ！」という使い方もあるという。もちろん治郎さんにも掛けてある。当初は「イタリア・ポルトガル食房」を名乗り、スパゲッティ・ピザもメニューに入れたが、「ポルトガル料理をこそ食べてほしい」との思いからスパゲッティはやめた。

「ジーロ」の魚介類は、修業時代に惚れ込んだ高知・須崎漁港「野島鮮魚」の目利き人・野島英明氏の魚を直送してもらっている。須崎漁港に上がったばかりの魚を吟味選別し、神経締めなどの処理を行なったものだ。海老・蟹は漁獲後の処理の仕方に長けたスリランカの特注品だという。

古川シェフが目指すのはポルトガルの郷土料理や家庭料理。シンプルだが素材を生かした料理は日本人好みなので、ぜひ味わってほしいという。僕も、イタリア料理やスペイン料理よりも日本に合っていると思う。

ランチでお薦めなのが〝アロス・デ・マリスコス（海鮮ポルトガルごはん）〟。スペインのパエリヤがサフランを使うのに対し、マッサ・デ・ピメント（赤パプリカペースト）を使うのが特徴だ。魚介の旨味が爆発して、一度で虜になること請け合いなのだ。硬めのご飯風とリゾット風があって、どちらにするか迷ってしまう優柔不断な僕なのであった。副菜に〝パスティス・デ・バカリュウ（干しダラとじゃがいものポルトガル風コロッケ）〟を注文すれば、もう無敵！　これでお酒が飲めないとなると、これはもう拷問だ。

——というわけで、ワインを一杯（今日は学校は代休なのでお許しを）。これがまた、ワイン通なら感涙物の〝ヴィーニョ・ヴェルデ〟!!「緑のワイン」と呼ばれ、ヴィーニョ・ヴェルデ産の完熟した緑のぶどうを用いて醸造される微発泡ワインだ（ワイン法に基づく厳しい条件をクリアしなければ名乗れない「原産地名称保護制度」で守られている）。そんな逸品が何種類も揃っている奇跡の光景に、同行の編集・撮影の女性二人も狂喜乱舞していたのであった。

夜は、もう一つの名物ワイン〝ヴィーニョ・ド・ポルト〟（ポートワイン）の3種テイスティングセットなどもある。「赤玉スイートワイン」が商標の問題でポートワインの名前を使えなくなったのは有名な話だが、本物を飲めば違いは歴然だ。

そして、ポルトガル料理の伝道師・古川シェフが、独特の丸い銅鍋を使った魚介の「カタプラーナ鍋」を用意してあなたを待っています。ただし、料理愛にあふれる古川シェフは語り出すと止まらないので、料理は冷めないうちにお召し上がりください。

最後に浅草の「**イタリアンベスト5**」をご紹介。

①「**ブラカリ**」……2016年開業。「浅草ランチ・ベスト100」でもリストアップ。

②「**ゴローゾ**」……2014年開業。蔵前の独創的なイタリアン。ジビエ料理も得意。

③「**ベヴィトーレ**」……2019年開業。ワインとイタリアン。土日のパスタランチが安い！

④「**カリッスィマ**」……2006年開業。「アルポルト」出身。手打ちパスタが秀逸。

⑤「**フォカッチャ**」……1991年開業。オステリア。パスタ&ピッツァランチ。

本日のお会計	
週替わりランチ（限定5食）より、サラダ＋海鮮ポルトガルごはん＋飲み物	1760円
お魚コロッケ	660円
緑のワイン（ヴィーニョ・ヴェルデ）	770円
計	3190円也

右ページ上／お魚コロッケの名前でメニューに載せているパスティス・デ・バカリュウ660円。**右ページ下**／高知から送ってもらった魚の頭やあらを焼いてから煮出してだしをとり、料理に使っている。**下**／オーナーシェフの古川治郎さんは水産学士の料理人。

土日祝限定ランチ部門	
店名	**フルールド サラザン**
ジャンル	ガレット
住所	東京都台東区西浅草2-14-2 インパレス1 1階
電話番号	03-6876-1851
ポイント	★ 味 人 独 女
コメント	2019年開業。店名は「蕎麦の花」の意。国産蕎麦粉のガレットとシードル。ランチ1350円〜。

土・日・祝日ランチのサラザン2480円より。イベリコチョリソーのガレット。シードルでコンフィした玉ねぎ、卵、チーズとともに、挽きぐるみ（全粒粉）を使った「黒ガレット」の生地でくるくると包み、一口大に切って提供する。蕎麦の実入りポテトサラダは、マヨネーズを控えめにし酸味を効かせる。

ガレット職人とシードルのエキスパートというこの上ない取り合わせの夫婦は国内にほかにいるだろうか？

1976年、渋谷公園通りの駐車場の一角にクレープのワゴン型実験店舗が開店する。その名は「マリオンクレープ」。1977年には、まだ無名だった原宿竹下通りに「カフェクレープ」と「マリオンクレープ2号店」が開店。フランス発祥のこの新スイーツは、たちまち雑誌やテレビで話題となり、「原宿＝クレープ」というイメージが定着する。それから40年余。「マリオンクレープ」は全国に約80店を展開している。

僕も多くの日本人同様、「原宿クレープ」によってクレープを初体験する。渋谷で大学生活を謳歌していた1977年だ。そしてそれ以来、店でクレープを食べていないのだ（高校文化祭の出し物は別）。それくらい、僕のような呑んべえにとっては、クレープは「女性の食べ物」という印象だったのだ。

一方、ガレットは正反対と言える。僕がガレットと出会ったのは、1982年に新婚旅行でヨーロッパを訪れた際、スイス・ジュネーブのとあるクレープリーにおいてだ。ガレットという名前すら知らなかったのだが、『地球の歩き方』（ダイヤモンド・ビッグ社）か何かで下調べをし、「蕎麦粉の甘くないクレープ」を食べに行った。日本人どころか観光客も来ない、地元客ばかりの店で出会ったガレットは、僕の知っているクレープとはまったく別物で、あまりのおいしさに二人でワインを2本空けてしまった。

クレープもガレットもパンケーキの仲間だが、クレープが小麦粉を使った両面焼きのスイーツなのに対し、ガレットは蕎麦粉を使った片面焼きの食事系だ。フランスでは2月2日は「クレープの日（シャンデレール）」だという。日本に入ってきたのはクレープのほうが早いので、クレープの

左／石臼の製粉機で、厳選した蕎麦の実を挽く。
左ページ／オーナーシェフの玉越幸雄さんと、シードルを担当する友香さん夫妻。

ほうが古いのかと思ったら、実はガレットのほうが先だった。
ガレットの発祥はフランス・ブルターニュ地方。雨が多く土地が痩せていて小麦栽培に適さないこの地方に、中国原産の蕎麦がイスラム諸国経由で十字軍によって持ち込まれ定着した。小石（ガレ）で焼かれたことから名付けられたガレットは、蕎麦粉・水・塩だけの素朴な郷土料理で、パンが普及するまで数世紀もの間、主食として食べられていた。
ガレットを気に入ったルイ13世の妻アンヌ王妃が宮廷料理に取り入れ、小麦粉・バター・鶏卵・砂糖などが加わりクレープへと変化する。クレープとは縮緬《ちりめん》状の表面から「絹のような」という意味だ。小石と絹、庶民と貴族……僕はやっぱりガレットのほうが好きだなぁ。「世界三大蕎麦料理」を選ぶとすれば「日本蕎麦・ガレット・平壌冷麺」だろう。
そして、ガレットの最高のパートナーは、やはりブルターニュ地方発祥のシードル（りんごの発泡酒）だ。「ガレットとシードル」との相性の良さに匹敵するのは、僕の中では「餃子とビール」「赤ワインとブルーチーズ」「熱燗と莫久来《ばくらい》（ホヤとこのわたの塩辛）」「シングルモルトウイスキーとハギス（羊の内臓料理）」「芋焼酎と鹿児島豚骨料理」「泡盛と豆腐餻《とうふよう》」「下町焼酎ハイボールとモツ焼き」ぐらいだ。

近年、ガレットは女性を中心に人気がある。そんな中、革新的創作和風ガレットの店が浅草に登場！　その名は「フルールド サラザン」。「蕎麦の花」の意味を持つ。純白で小さな蕎麦の花が一面に広がっていくように「人と人とを結びつけ、生産者の気持ちとともに、ガレットとシードルとを広めていきたい」という思いのこもったネーミングが美しい。
シェフの玉越幸雄《ゆきお》さんと奥さんの友香《ゆか》さんのこの店への道程は、まさに二人三脚だ。同じ静岡出身のお二人は、結婚後に上京。シェフは日本初のクレープリーとしてガレットを日本に伝えた神楽坂「ル ブルターニュ」（1996年開業）に10年勤務。うち5年間は、フランスに逆上陸したパリ店、ブルターニュ店でキッチン責任者を任され、ガレット職人として本場の技術や文化を吸収した。

系列店で働いていた奥さんもフランスに同行し、シードルの醸造所で2年間働いていたというのだから凄い！　しかも帰国後、シェフは神田の手打ち蕎麦の名店「眠庵《ねむりあん》」で1年ほど蕎麦粉の仕入れや扱い、蕎麦打ちの修業を積む。

そして2019年4月、いよいよ時が満ち、浅草に「国産蕎麦粉のガレットと国産クラフトシードルの専門店」をオープンするのだ。最近「ガレットリア」という言葉も聞くが、これは本場の呼び方ではない。

シェフとソムリエ、板前と唎酒師という夫婦はいるだろう。しかし、ガレット職人とシードルのエキスパートというこの上ない取り合わせの夫婦は国内にほかにいるだろうか？　まさに最良・最強・完全・究極・至高・ファンタスティックなお二人なのだ！

ガレットというと、正方形に折り畳んだものをナイフとフォークで食べるのが普通だ。しかし、玉越シェフは、何とガレットを巻いてしまったのだ。「ソーセージを巻いたガレットもあるし、ラッパ状に巻いて手で食べる原宿クレープだってあるじゃん」というあなた。「チッチッチ」（人差し指を左右に振って舌打ち）、そんなレベルではないのだ。「フルールド サラザン」では、海苔巻きのように巻き上げたガレットを一口サイズに切って並べ、お箸で食べるのだ。これぞ創作和風ガレット！

手打ち蕎麦の修業で知り合った全国の生産者から仕入れる厳選した蕎麦の実を、店の入り口にある石臼で挽く。挽きぐるみ（全粒粉）は「黒ガレット」（お食事ガレット）に、更科粉は「白ガレット」（デザートガレット）に使う。ともに蕎麦粉100%、グルテンフリーだ。

日本蕎麦とガレットとの一番の違いは、その風味だろう。本来、蕎麦の味や香りは淡くデリケートなもの。玉越シェフは、生地を2～5日間ほど熟成させ、低温発酵させることで、蕎麦の香りや風味をより引き出すことを狙い、生地は薄くのばして焼く。焼くことによって香りも増すのだが、それを巻き込むことによって味と香りを封じ込めるわけだ。しかも「濃厚蕎麦だし」にちょっと浸して食べる。口の中でほどける凝縮された蕎麦の風味は、まさに「唯一無二」と言えるだろう。予約すれば、産地の違う蕎麦の「利きガレット」もできる。

一方、友香さん担当のシードルもすごい。「シードルは甘ったるい女性向けの酒だ」と思っているあなた。「チッチッチ」、この店には味も香りも百花繚乱の国産クラフトシードルが30～40種類も揃っている。全国の生産者から直接仕入れているもので、飲み比べてみれば、目から鱗が何枚も落ちること請け合いなのだ。しかも、シードルはポリフェノール豊富で、プリン体ほぼゼロという健康飲料だという。飲まないという選択肢はないやろ(鶴瓶風に)。

驚いたことに、この店はビールさえ置いていない。あるのはシードルとカルヴァドス（りんごの蒸留酒）とブルターニュ産蕎麦ウイスキーのみと、徹底した「りんご愛」に貫かれているのだ。お二人は「ガレットもシードルも女性向きと考えず、ぜひ男性にこそ味わってもらって、その魅力を知ってほしい」とおっしゃる。まんまとその思惑にハマってしまった神林なのであった。

夜は、シャルキュトリー（食肉加工品）も学んだシェフの酒肴を味わえるシードルバルとしても楽しめる。僕が愛読している人気ブログ『つれづれ蕎麦』のYukaさんも訪れ、「革命的ガレット店」として絶賛していた。あなたの「未知の世界」が、ここにあります。魅力的なご夫婦の魅力的なガレットとシードルを、ぜひ体験してください。

右ページ／扱いがある国産クラフトシードルのほんの一部。近年、国産シードルの種類はさらに増加中だという。グラス1杯750円～。**上**／濃厚蕎麦だしをつければまた違う味わいに。

本日のお会計	
土・日・祝日ランチのサラザン2480円。シードル（またはりんごジュースか蕎麦茶）、蕎麦の実入りポテトサラダ、玉子・チーズ・オニオンシードルコンフィ・イベリコチョリソーの黒ガレット、あんペースト 北海道発酵バターの白ガレット、牛乳のアイスがセット。	2480円
計	2480円也
平日ランチは1350円～で、ガレットのほかにシードルまたはりんごジュースなどの飲み物と、本日のスープが付く。	

中華・韓国部門	
店名	**十八番**
ジャンル	町中華
住所	東京都台東区西浅草2-18-7
電話番号	03-3844-0108
ポイント	味 雰
コメント	1963年開業。ニラソバ750円、ギョーザ600円。

「十八番」一門の十八番といえば〝ニラソバ〟だ。創業時からのメニューで、ニラソバの元祖だと言われる。

上／ニラソバ。スープに豚バラの旨味、にらの香りがしみ出し、一気に食べ進めてしまいたくなる。**左ページ上**／焼き目しっかり、弾力のある皮に包まれた餃子は一人前5個入り600円。ラーメンとセットにできる餃子3個入り350円もある。**左ページ下**／女将・栗原さだ子さん(手前左)とスタッフの皆さん。左後ろに立つ男性がチーフの青山大介さん。

「中国料理」と「中華料理」の違いをご存じだろうか。テレビ番組『林先生が驚く初耳学！』（ＴＢＳ）で林修先生は正解をお答えになったが、もちろん神林先生も知っている。厳密な使い分けではないが、一般的には「中国料理」とは本格的な中国生まれの料理のことで、「中華料理」とは日本でアレンジされ独自に発展した日本風中国料理のこと。中国人には「日式中華」と呼ばれているものだ。

「浅草ランチ・ベスト１００」でリストアップした「華春樓」や、有名な「龍圓」などは中国料理である。

これとは別に、最近「町中華」という言葉をよく耳にする。２０１４年に結成された「町中華探検隊」（ライターの下関マグロ氏・北尾トロ氏が発起人）が言い出しっぺだ。高齢化で絶滅が危惧される家族経営の大衆的な中華料理店のことをひと言で表す言葉で、僕も好んで使用させていただいている。正式な定義は「昭和から営業し、気楽に入れて１０００円以内で満腹になれる庶民的な中華店」ということだ（北尾トロ、下関マグロ、竜超、町中華探検隊『町中華とはなんだ』角川文庫）。

『散歩の達人』の２０１８年1月号によると、浅草は「町中華発祥の街」であり、多種多彩な町中華の宝庫だという。そして、ラーメン発祥の店としても有名な「来々軒」（１９１０〜１９４４年）を

「町中華の元祖」と認定している。記事の中の絵地図には、「浅草ランチ・ベスト100」の中からも「十八番」「餃子の王さま」「あさひ」「太陽」「来集軒」が載っている。ただし、僕が「食堂・甘味」部門で取り上げる「芳野屋」（116ページ）や甘味処「山口家」、シューマイ「セキネ」まで町中華としている点には無理があるなぁ。

町中華のもう一つの特徴は、暖簾分けの店が多いという点だ。「人形町系大勝軒」「生駒軒のれん会」「代一元のれん会」などが有名だが、今回は西浅草の「十八番」を紹介したい。

戦後（1960年）に浅草寿町で誕生した「十八番」の創業者・栗原経雄氏の兄である栗原永治郎氏が暖簾分けで1963年に開店したのが、西浅草の「十八番」だ。

ところが、48歳の若さで世を去り、以後、3人の娘さんと、永治郎氏の妻・栗原さだ子さんが今日まで店を守ってきた。今は、新御徒町店（小島町）、創業者一家が営む八丁堀本店、八丁堀新川店、そして暖簾分けの新日本橋店（神田美倉町）、浅草橋店（柳橋）など下町を中心に「十八番」の味が受け継がれている。さらに親戚が製麺所を営み、麺も餃子の皮もそこで手製したものを用いているという。ちなみに、荻窪「手もみラーメン 十八番」、椎名町「十八番」、野方「十八番《おはこ》」、板橋「18番」などは別系統である。

「十八番」一門の十八番（名物料理）といえば〝ニラソバ〟だ。創業時からのメニューで、ニラソバの元祖だと言われる。スープは醤油ベースで、豚バラをラードで炒め、ざく切りのにら一束分を投入し、最後に胡麻油を加える。シンプルだがコク・旨味・香りが凝縮していて絶品だ。

〝椎茸そば〟も定番だという。後述のテレビ番組の影響で、トマト入りの〝酸辣湯麵《サンラータンメン》〟も有名だが、これは新しいメニューである。〝餃子〟も焼き色が美しく、胡麻油が香ばしい。肉と野菜は1対3で野菜が多いが、具はしっとりなじんでいる。挽き肉・調味料・にんにく・生姜・ラードを白いペースト状になるまで約30分も練って野菜（キャベツ・にら・玉ねぎ）と合わせるのだという。

そして、忘れてはならない最強サイドメニューが〝ぶためし〟。もとは賄《まかな》いで、タレに漬けた細切りチャーシューと辣油で炒めたねぎがのっているものだ。

西浅草店のドリンクの名物は〝カッパばしわり〟（かっぱ橋道具街が近いので）。焼酎の水割りにきゅうりの細切りがたっぷり入っているだけなのに、なぜかメロンの香り！ ぜひお試しを。ただし口当たりがいいので飲みすぎ注意だ。

「十八番」は、テレビ番組『とんねるずのみなさんのおかげでした』（フジテレビ）の「きたなシュラン」にて三つ星店として認定されたことでも有名だ。女将さんは「汚らしい店とは失礼だわ！」と不服そうだったが、「一見すると古く汚い店のようでも、びっくりするほどのおいしい料理を出す店・歴史ある外観や店内も味のうち」ということを付け加えておきたい。収録日のゲストが嵐の松本潤さんだったため、その後6年間、聖地としてファンが集って忙しかったという。嵐おそるべし！ この名物コーナーは、番組後半には本家のミシュランからクレームが入り

「きたなトラン」（きたな美味いレストラン）と改名した。「なのにトラン」のコーナーで、「喫茶店なのに大盛ちゃんぽんが美味しいレストラン」として浅草の「喫茶ぐり」が紹介されたことも、ここに付記しておこう。

また、浅草にはあと2軒の「きたなトラン」三つ星店があったのだが、純レバ丼の「あづま」は火事で閉店、ホッピー通りの「正《しょう》ちゃん」は改築して新しくなってしまった。孤軍奮闘の「十八番」、頑張れ！

「十八番」は家族経営に見えるが、実は親族は暖簾分けされた別の店におり、味を守る料理長はチーフと呼ばれている。現在の青山大介さんは五代目だ。女将のさだ子さんは、「昔は大変だったけれど、いろいろな人に支えられ、今はお店が一番好きで、仕事が楽しみです」とおっしゃる。いつまでもお元気でお店に立ってくださいね。

右ページ／きゅうりの細切り入りのカッパばしわり。
下／年季の入ったレンゲには、「十八番」の文字。

本日のお会計	
ニラソバ	750円
ギョーザ	600円
カッパばしわり	550円
計	1900円也

下／半鶏湯に使われる丸鶏の半身は、ほろほろと崩れるほど柔らかい。漢方食材がともに煮込んであり、旨味も滋養もたっぷり！　半ライスとおかずが付くのもうれしい。半身といえども食べごたえ十分。1000円。**左ページ上**／具だくさんのスンドゥブチゲ900円。スープには、天日干しの唐辛子とあさりの旨味がしっかりしみ出る。ライスを浸していただこう。

中華・韓国部門	
店名	**ムグンファ**
ジャンル	韓国
住所	東京都台東区浅草3-17-8
電話番号	03-3871-6441
ポイント	味 雰
コメント	2002年開業。日替わりおかず3品付き。スンドゥブチゲ900円、半鶏湯1000円。グッチ裕三氏も来店。

3時間煮込まれた肉も旨いが、何より塩味のスープが絶品だ。

浅草に飲食店は星の数ほどあるが、口コミサイトによる評価で常にトップクラスを保っている店がある。韓国家庭厨房「ムグンファ」である。浅草には、「浅草ランチ・ベスト100」にある「ソウル食堂」のほか、教え子の実家「なると」、その姉妹店「ぽらむ」、チーズタッカルビの「飛豚17」などの韓国料理店があり、「ムグンファ」は一番古く定評のある店だ。

ママ《オモニ》の金明執《キムミョンスク》さんは、日本人の司法書士の旦那さんと結婚して来日した。民間レベルの日韓交流だ。安倍晋三元首相、文在寅《ムンジェイン》大統領にも少しは見習ってもらいたいものだ。

ママは、ソウルの「ロッテデパート」の販売員をしているときに、その食堂で出していた本格スンドゥブチゲを覚え、浅草でも看板メニューとした。スンドゥブという柔らかい豆腐と、アサリ・豚肉・きのこ・野菜・唐辛子粉などを煮込み、生卵を落とした辛い鍋料理のことだ。日本でスンドゥブチゲが人気になり「東京純豆腐《スンドゥブ》」が開店するのが2006年だから、「ムグンファ」は流行のずっと前から本物を提供していたこ

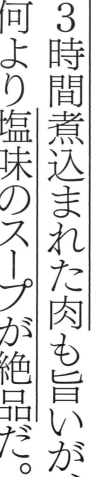

とになる。

ママは家庭料理の名人であるお母さんの技と味を受け継いでいる。そして、韓国のお母さんやお姉さんは、農家のいい食材をママに送って店を支えてくれている。ママは「私が使う唐辛子は天日干しの甘くておいしいものなので、他の店の2倍高いのよ」と自慢する。「ムグンファ」が高品質の料理を格安で提供できる秘密は、この家族の協力にあるのだ。ママには、スンドゥブチゲと海鮮チヂミは「東京で一番の味」という自負がある。『オモニの韓国料理』（ブティック社）では、四谷「妻家房」、新大久保「梁の家」、五反田「チェゴヤ」などの有名店を押さえて、他店の倍の18品のレシピを公開しているほどだ。テレビ番組『昼めし旅』（テレビ東京）でも、スンドゥブチゲに加え、賄い飯も紹介されたという。

ランチメニューは、〝スン豆腐《ドゥブ》チゲ〟（ライス大盛りサービス）、〝スン豆腐《ドゥブ》ラーメン〟（半ライス付き）、〝石焼きビビンバ〟、〝ビビンバ〟が900円だが、僕は〝半鶏湯《ハンゲタン》〟がお気に入り。〝参鶏湯《サムゲタン》〟の半身というママの造語だ（笑）。

参鶏湯は丸鶏のお腹の中にもち米、生の高麗人参、なつめ、にんにくなどを入れて煮込む宮廷料理・薬膳料理で、ほかの店では高級料理なのだが、ママはランチに1000円で出してくれる。何とありがたいことか！　3時間煮込まれた肉も旨いが、何より塩味のスープが絶品だ。半ライスも付くので、スプーンにのせてスープに浸して食べるのも至福の瞬間だ。韓国では夏の食べ物で、日本人が鰻を食べるように「三伏《さんぷん》の日（夏の三回の庚《かのえ》の日）に食べると健康に良い」とされている。

ランチには日替わりのおかず3品が付くが、このおかずは「パンチャン」という、韓国料理店でおなじみの野菜中心の小皿料理だ。三国時代に仏教の影響で肉を食べることが禁じられた時代に発達したという。「ム

グンファ」では自家製キムチやナムルだけでなく、チヂミやイカ炒めなどが付くことも。この日はプルコギが付いたのでラッキー♪

「ムグンファ」の本格韓国家庭料理と明るいママの人柄にはファンが多く、移転前の店から近かった警察関係の方々の宴会にもよく利用されるという。数日前にはネットを見てノルウェーの学生13人がやってきた。多くの有名人も通っており、芸能界ナンバーワンの料理の腕前といわれるグッチ裕三もママから〝ホルモン炒め〟を教わって、自分の料理番組で紹介していた。テレビドラマ『極道めし』（BSジャパン）ではロケ地として使用され、暴力団組員役の俳優・小沢仁志氏とその相棒役の西井幸人氏も訪れた。驚いたことに、ママは西井幸人氏の母親役で出演し、刑務所に入る息子を張り飛ばして泣くという名演技を披露したのだ。

店名の「ムグンファ」とは、韓国の国花「無窮花」（木槿《むくげ》）のことだ。日本人にとっての桜のような存在で、ママの韓国料理へのプライドが込められている。掃除の行き届いた店内もママの志の高さの表れだ。料理も日本人の舌に合わせるのではなく、本場そのままの味を大切にしている。

夜の僕のお薦め料理も書いておこう（どれも1000〜3000円）。

①**前述の海鮮チヂミ・イカ炒め・ホルモン炒め**
②**サムギョプサル**（豚バラの焼肉・2人前より）
③**プルコギ鍋**（牛のすき焼き風焼き肉）
④**ヤンニョムケジャン**（生ワタリガニの唐辛子ダレ漬け・要予約）
⑤**豚肉野菜炒め**
⑥**ブデチゲ**（部隊鍋。朝鮮戦争以降に広まった大衆料理、ソーセージやランチョンミートのほかインスタントラーメンも入る）

ぜひ、生マッコリと一緒にどうぞ。宴会での利用もお薦めです。そして何より、明るく、頑張り屋で、チャーミングなママに会いに来てください！　あなたも、たちどころにママの虜になってしまうことでしょう。

右ページ／はつらつとしたママ、金明孰さん。**上**／警察関係の方々御用達。警視庁のシンボルマスコット、ピーポくんが見守ります。**下**／出来たては熱々。「風邪気味のときでも元気になる味だね！」。

本日のお会計	
半鶏湯（半ライス付き）	1000円
計	1000円也

食堂・甘味部門	
店名	**芳野屋**
ジャンル	大衆食堂
住所	東京都台東区浅草2-29-3
電話番号	03-3841-5173
ポイント	★ 人 雰 C
コメント	1948年開業。戦後、自力で建てた昭和遺産的バラック食堂。カレーライス、焼そば各500円。

店内に足を一歩踏み込んだ瞬間、時空を超えたような錯覚にとらわれる。「ここは本当に現在の東京なのか？」

大衆食堂と一口に言っても、内容的にはまちまちだ。僕は、次のように分類している。

①地元密着型、常連中心の町の食堂。浅草では、「浅草ランチ・ベスト１００」にリストアップした清川「日正カレー」や千束通り「ナカジマ」など。

②食事処としても、昼飲みにも、夜は居酒屋使いもできるオールマイティーな店。「浅草ランチ・ベスト１００」に入っている名物店「水口食堂」が代表だ。

③ランチ時にサラリーマンが行列する定食屋。新宿・新橋・上野・神田などには多いが、浅草はサラリーマンの町ではないので守備範囲外。

④観光客が多くやって来る食堂。浅草には、「君塚食堂」「お食事処 まえ田」「浅草ときわ食堂」など、明治・大正からの老舗が多い。

細かく刻んだキャベツやもやし、ベーコンが入る、シンプルでいてしみじみ味わい深い焼そば500円。つまみにもなる。

⑤セルフで主菜・副菜・汁・ご飯などを選ぶ一膳飯屋。関西には多いが、東京ではあまり見かけなくなったタイプ。浅草には「合羽橋 ときわ食堂」が残る。
⑥「キッチン〜」というネーミングが多い大衆洋食食堂。神保町「キッチン南海」「キッチン マミー」などが代表だが、浅草にも「ニュー王将」という名店がある（夜のみの営業で「ひとり飲みの店ランキング」でもリストアップした）。
⑦市場の場内・場外にある市場食堂。早朝から昼までの営業が多い。僕も築地場外市場・足立市場・葛西市場・船橋市場などに愛用店がある。
⑧公営ギャンブル場や場外馬券場の周辺に集まるギャンブラー御用達食堂。浅草では「初音小路」（後述）周辺が代表だ。

「芳野屋」は①④⑧の顔を持つ特別な店だ。1853年開園の植物園からの歴史を持つ日本最初の遊園地「花やしき」の正門前に、昭和遺産的な大衆食堂がある。その名は「芳野屋」。絶滅危惧種的な戦後バラック建築だ（失礼な表現で申し訳ないがほかに言いようがないので）。

まず、店内に足を一歩踏み込んだ瞬間、時空を超えたような錯覚にとらわれる。

「ここは本当に現在の東京なのか？」

——これは山谷「大林酒場」で受けたのと同じ衝撃だ。壁といい、床といい、机といい、テーブルといい、まるで映画『三丁目の夕日』のセットのよう。長く値上げせずに変色している壁の短冊メニューも、〝中華そば〟〝焼そば〟〝カレー〟各500円、〝ラムネ〟200円と、泣かせる品揃えだ。

僕のお気に入りは焼そば。店でも人気ナンバーワンだという。具は細かく刻んだキャベツ、もやし、玉ねぎ、ベーコンとシンプルだが、昔ながらのしみじみおいしい焼きそばだ。そのほかにも、〝焼魚〟〝カツ丼〟〝野菜イタメ〟〝ニラレバイタメ〟〝煮込み〟など鉄壁のラインナップ。〝厚焼玉子〟も絶品だ。

酒はビール大瓶（キリン・アサヒ）、ワンカップ、缶チューハイもあり、「お酒類は、お一人様三本迄です」。いわゆる懐かしい「三杯屋」スタイルだ。今はなき浅草「松風」を思い出す。

「芳野屋」創業者の上村《かみむら》吉太郎氏は、戦前は本屋やブロマイド屋（浅草らしい！）を、妻の芳江さんは「上村美容室」を営んでいた（現在の六区通りの「捕鯨船」の向かい側）。「近代美容の母」マリールイズ（明治

記念館「マリールイズ美容専門学校」創始者）の弟子だったというからスゴイ。

しかし、東京大空襲で店は消失してしまう。戦後、観音様（浅草寺のことを地元の方はそう呼ぶ）から焼失した商店に替地《かえち》（代替地）が割り当てられた。

かくして1943年に「芳野屋」が誕生する。そして何と、吉太郎氏は物資が不足していた時代だったということもあり、釘を一本も使わずに、木材を組み合わせてバラックの店を自力で建ててしまった。それが今の店なのだ。それから77年間、東日本大震災にも耐えて立ち続けているのである。しかも店名は、美容院を再開した妻の芳江さんから一字もらって「芳野屋」となった。

吉太郎氏は、戦後の混乱期に町会長として尽力した。「うますぎて申し訳ないス!!」の名コピーで有名な「ヨシカミ」の仲人も務めたし、②の「水口食堂」は創業時からの関係もあり、現在の女将さんは結婚式のときに「上村美容院」にお世話になったという。やがて息子の猛さん（現主人）が「芳野屋」を手伝い始める。國學院大學文学部出身で、僕の大先輩だ。金田一京助先生の講義を受けたというから、うらやましい。かつては国際劇場（1982年閉館）から「花やしき」前を通って浅草寺に抜ける道は、人があふれていたという。

1968年、とも子さん（現女将）が嫁いでくる。そして、美容師として「上村美容室」を手伝う。浅草「産業会館」にあった結婚式場での着付けなども担当していたし、浅草のバーやクラブのホステスさんや「ロック座」の踊り子さんも髪のセットに訪れ、大繁盛だったという。

その後、20年ほど前に吉太郎氏も芳江さんも引退し、猛さん・とも子さん夫婦で「芳野屋」を守ることとなる。しかし、7年前に猛さんが体を壊し、店の奥の小上がりに座ったままの接客に。土日中心（競馬開催日）の営業に変更することになったが、長女の若菜さん、時々次女の玉青さんが手伝いに来てお母さんを助けている。

夏場だけは平日も営業する。名物のかき氷に行列ができるのだ。それは、シロップもあずきも自家製だからだ。地球の裏側のボリビアからも買いに来た人がいたという（ところが何たる不運か、その前日にかき氷の販売は終わってしまっていたのだった……!）。

右ページ上2枚／「花やしき」正門からすぐの「芳野屋」。年季の入った茶店の暖簾がかかる。観光地の食堂然としているが、一歩入れば昭和にタイムスリップだ。**右ページ下**／土日のチャンネルは競馬中継にロックオン。見入る常連客。**上**／具だくさんの煮込み400円も名物。七味をかけて。

店に集まる常連さんたちは、競馬のためだけに集まっているのではない。お母さんは皆のアイドルなのだ。帰り際に「お母さん、また来るね」という常連客と、お母さんの「もう店がないかもしれないよ」「もう（私が）いないかもしれないよ」というシュールなやり取りも店の名物だ。僕の取材のときも「いつなくなるかわからない店だから」と固辞されていたのを、何度も通って、娘さんと常連さんを味方につけて、なんとか許していただいた。お母さん、わがままを言ってごめんなさい。でもいい話がたくさん聞けて良かった。やはり「芳野屋」は、浅草の歴史の一ページに刻まれるべき大切な店でした。

少し前に傘寿を超えたお母さん。無理はなさらずに、でも一年でも長く仕事を続けてくださいね。喜寿を迎えた唯一無二の手造り店舗の食堂とともに。

最後に、この辺りの歴史について少し触れておこう。

１８８４年～１９６６年の間、浅草寺周辺は「浅草公園」として六区に区画されていた。一区「浅草寺本堂周辺」、二区「仲見世」、三区「伝法院周辺」、四区「瓢箪池《ひょうたんいけ》周辺」、五区「奥山地区」、六区「歓楽街・興行街」という具合だ。

１９５１年に埋め立てられるまで、今の「ＷＩＮＳ《ウインズ》」（場外馬券場）と「まるごとにっぽん」の場所には「瓢箪池」があった。その池畔に華族専用の高級茶屋があったという。今は場所を移して居酒屋として営業する「花本」の前身だ。東京大空襲でも焼けなかったため、貴重な写真や資料が残る。信じられないような歴史を秘めた店なので、いつかぜひ取材をさせていただきたいと思っている。

その「花本」があるのが１９５８年に生まれた飲食店街「初音小路」だ。「ＷＩＮＳ」の目の前にあり、競馬ファン御用達。「ホッピー通り」は観光地化して値段も観光料金になってしまったが、一本奥に入った「初音小路」は庶民の味方だ。

東西と南北の十字路になっていて、藤棚が名物なのだが、東西藤棚は２０１９年の「御宿　野乃」の建設に伴い撤去されてしまった。残念この上ない！　この藤棚を植えて育ててきたのが、酒場「松よし」だ。店の前の露天で飲ませる風景が名物となっている。

競馬をする人もしない人も、ぜひ「芳野屋」で日常生活を忘れて、命の洗濯となる昼の時間を過ごしてみてください。

本日のお会計

焼そば	500円
煮込み	400円
ビール（大）	650円
計	1550円也

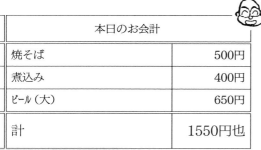

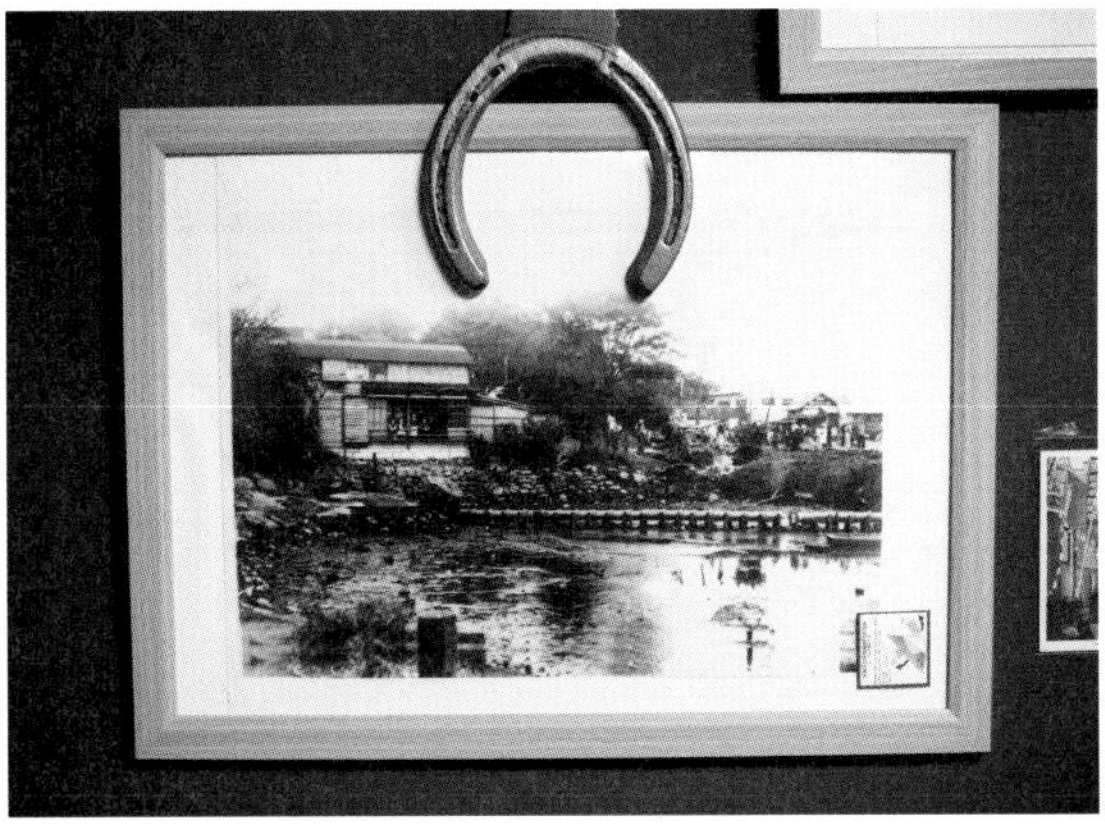

右ページ／茶屋に端を発し、長い歴史を持つ「花本」がある初音小路。瓢箪池を埋め立てた場所だ。**右上**／「花本」に残されている、在りし日の瓢箪池の写真。**左上**／瓢箪池の池畔にあった「花本」の前身となる茶屋。**右下**／1890年竣工、今はなき凌雲閣も写っている。　**下**／神林先生作、瓢箪池が埋め立てられる以前の地図。

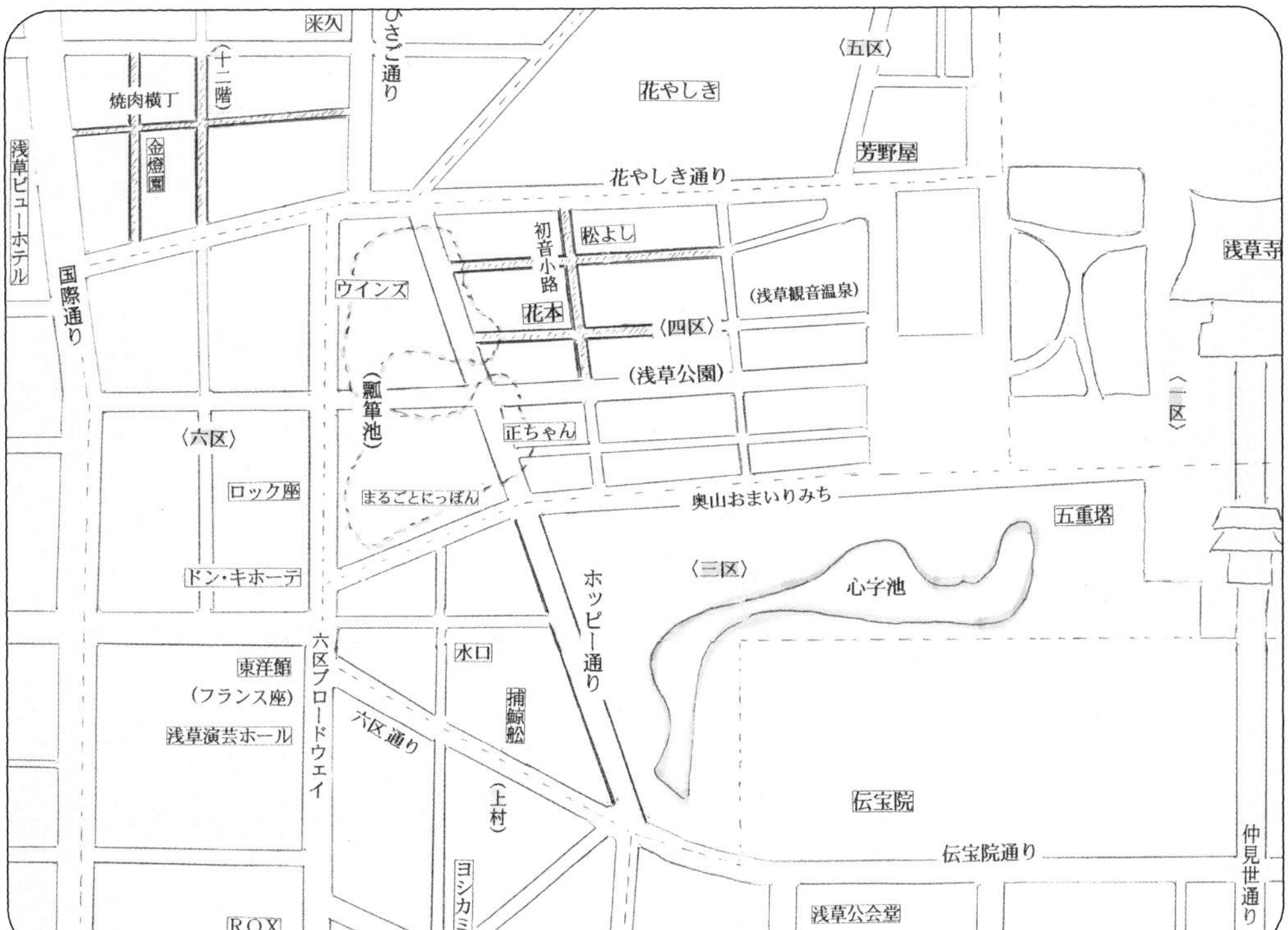

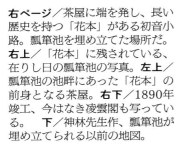

食堂・甘味部門	
店名	**三島屋**
ジャンル	大衆食堂
住所	東京都台東区千束3-4-9
電話番号	03-3872-4443
ポイント	雰 C
コメント	1954年開業。「食べログ」東京たこ焼きでナンバーワンになったことがある。やきそば300円、そばもんじゃ350円。

そばもんじゃは、
一人前のステーキ用の鉄板で提供される。
やきそば・キャベツ・切りイカ・
干し海老・生卵・紅生姜・
あおさが入って350円。
ボリュームも満点だ。

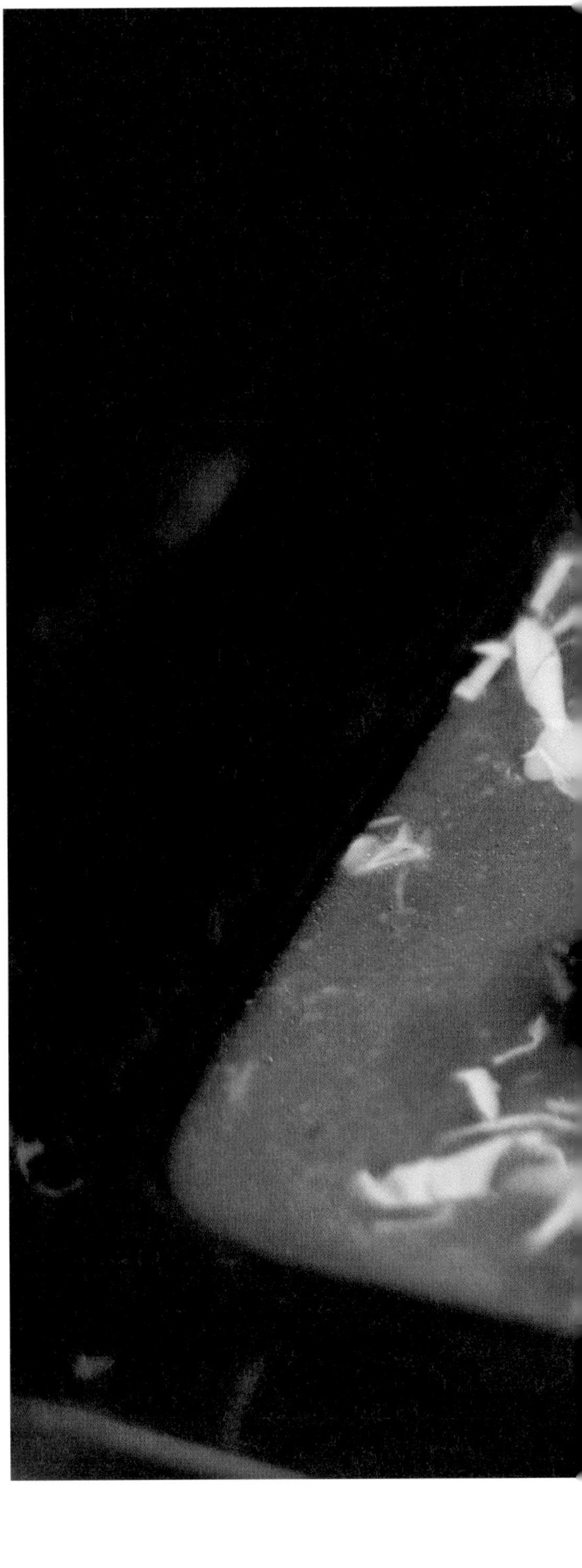

小麦粉、水、キャベツ、干し海老、揚げ玉入りのもんじゃ350円は、半熟卵をのせて完成だ。一人前用の鉄板で焼き上げて提供する。

つくばエクスプレス「浅草駅」、東京メトロ日比谷線「入谷駅」「三ノ輪駅」のどこからも10分以上歩く、吉原裏の「せんわ通り」に、一軒の甘味処がある。それが「粉ものの聖地」「三島屋」である。

昨今、もんじゃ・お好み焼きの値段が高すぎるとお思いの方は多いのではないだろうか。庶民の味だったはずなのに、月島の各店のお薦めを見ると、だいたい1400円前後だ。その点、浅草は、まだ良心的だと思う。人気御三家の基本のもんじゃと人気もんじゃ、基本のお好み焼きを比べてみよう（各店HP等による）。

①「つくし」……切いかもんじゃ680円（人気980円）、五目天800円

②「ひょうたん」……江戸もんじゃ650円（人気1300円）、江戸天650円

③「七五三」……切いかもんじゃ780円（人気980円）、豚玉天730円

しかし、見よ！「三島屋」の黄金のラインナップを。〝今川焼〟80円、〝お好焼〟300円、〝たこやき〟350円・〝やきそば〟300円、〝そばもんじゃ〟350円と、まさに昭和の値段設定なのだ。最近の消費税増税でも、たこやきが50円値上がりしただけだ。

「三島屋」は、1950年に先代が南入谷で今川焼とアイスキャンディを売り始め、1954年に現在の地に移る。今川焼は、十勝産小豆をじっくり4～5時間炊くあんこが自慢だ。

今川焼は、江戸時代後期に神田今川橋辺りで売り出されたのがルーツだという。他店のものと比べて少し小さめに思うかもしれないが、実は大判焼きが一般的になる以前は、このサイズが標準だった。今では逆に貴重な存在なのだとか。しっとりふわふわしており甘さは控えめ。甘いものは苦手な僕でも2、3個はペロリだ。

一番人気はたこやきだという。「たこ焼き」は、1935年に大阪「会津屋」で生まれる。明治から大正にかけて流行したラジオ焼き（スジ肉を入れる。ラジオはハイカラなイメージから名付けられたとか）から明石焼き（江戸時代後期に誕生といわれる）を参考に改良したものだ。「三島屋」では、なんと9個350円！ 過去に「食べログ」東京たこ焼き部門で1位になったことがある。ちなみに人気のたこ焼きチェーン「築地銀だこ」は8個590円（店内飲食の場合）だ。

「もんじゃ」は、江戸時代の屋台で誕生した「文字《もんじ》焼き」がルーツだ。鉄板に生地で文字を書いて遊んだからだという。それが訛《なま》って「もんじゃ」になったので、「もんじゃ焼き」では重言（二重表現）となり、本来はおかしい言い方だ。その後、駄菓子屋に導入されるが、現在のような「もんじゃ」の発祥は浅草だと言われている。

「もんじゃの流派に二派あり」という有名な説があるが、ここにはカラクリがある。その説とは、浅草流は「具材と生地を混ぜて一挙に鉄板に広げる」、月島流は「具材を炒めて〝土手〟をつくり、その中に生地を投入する」というものだ。月島派は、昔は鉄板に縁がなく、テーブルとの間に隙間があったので、土手をつくらないと流れ出てしまったのだと主張する。しかし、そもそも「駄菓子もんじゃ」の時代には、土手をつ

くるほどの具材は入っていなかった、物理的につくれなかったのだ。具材を2本のヘラでカンカンカンと刻みながら炒め、土手をつくるという見映えがする演出は、実は1980年代に月島の「観光もんじゃ焼き」が広めたものなのである。
「三島屋」のそばもんじゃは、一人前のステーキ用の鉄板で提供される。ご主人である平原健一さんの弟さんが、洋食屋を辞めたときのものを再利用したという。それを先割れスプーンで食べる。これも、単に食べや

上／営業中は手を休めることなく焼き続ける、店主の平原健一さん。**下**／たこ焼きを最大224個を焼くことができる鉄板。ほかに、もんじゃ用、お好み焼き、焼きそば、今川焼用の鉄板スペースがある。

すいからという理由だ。「もんじゃは鉄板に広げ、焦がしながらハガシにくっつけて食べるものだ」と正論をおっしゃる方。「てやんでぇ！やきそば・キャベツ・切りイカ・干し海老・生卵・紅生姜・あおさが入って３５０円。ボリュームも満点だ。庶民の食べ物、四の五の言わず食ってみやがれ、べらぼうめ！」（失礼！）と声を大にして言いたい。

もんじゃから派生し、明治末期に下町で屋台のお好み焼き屋が登場する。それを子供は「どんどん焼き」と呼んだ（ドンドンと太鼓を叩きながら売りに来るので）。当時は具を上にのせる「のせ焼き」だった。関西の方には申し訳ないが、お好み焼きの発祥も東京下町と言われている。現存する最古のお好み焼き屋は、１９３７年創業の浅草「染太郎」だ（近代食文化研究会『お好み焼きの戦前史』〈Ｋｉｎｄｌｅ版〉）。関西にお好み焼きが広まるのは昭和になってからだ。大阪は１９３７年創業「以登家」（閉店）、広島は１９５０年創業の屋台「みっちゃん」が元祖だという。そして、大阪では「混ぜ焼き」、広島では「重ね焼き」として進化していく。

「三島屋」のお好焼は、キャベツ・紅生姜・切りイカ・干し海老・あおさ入り。縁日の屋台で見かける平たいタイプだ。ふわふわの関西風に比べると、粉っぽく感じるかもしれないが、これが関東流であ

る。

　やきそばはキャベツと揚げ玉のみでシンプル。「ソース焼きそば浅草発祥説」については、「デンキヤホール」（58ページ）の中で紹介した。飲み物も、〝缶ビール〟〝缶チューハイ〟各350円、〝コカ・コーラ〟〝白牛乳〟〝ラムネ〟各100円と町の売店や自動販売機より安いものもある。

　「三島屋」は、平原さんを中心に、平日は姉の杉浦由美子さん、土日は姪の佐藤由香さんがという2人態勢で営業している。持ち帰りが多いが、店内での飲食も可能だ。4人掛けのテーブル3卓とカウンター3席。広い厨房には、今川焼30個、焼きそば、お好み焼き3枚、もんじゃ3枚、たこ焼き224個を焼くことが可能な鉄板が並ぶ。

　地元密着型で、正午の開店とともに全鉄板が稼働する。ひっきりなしにお客さんが訪れるため、お二人は常に厨房で何かつくっているのだ。そのため、店には「基本セルフでの特別ルール」がある。「注文は大声で厨房に通す。テーブルもウォータークーラーの上の布巾を使い自分で拭く。水もセルフ。酒やドリンク類は勝手に冷蔵庫から出して自己申告する」等。

　東京下町で誕生した今川焼・もんじゃ・お好み焼き・焼きそば、関西代表たこ焼きを激安で提供し続ける「三島屋」。最初に「粉ものの聖地」と言った意味がおわかりいただけただろうか。

　平原さんは、「先代の頃からお客さんになるべく安く提供することを第一に考えて続けてきました」とおっしゃる。庶民の味方、下町の良心、浅草の誇りを体現した奇跡の店がここにあるのだ。ちなみに、故郷が新潟県三島郡《さんとうぐん》なので、店名は「さんとうや」だったのだが、客が「みしまや」としか読まないので、いつのまにか「みしまや」になってしまったのだとさ（チャンチャン！）。

右ページ上／たっぷりのキャベツ、切りイカ、干し海老入りのお好焼。関東風のぺったりとした焼き上がり。**右ページ下**／ドリンク類はセルフ。ラムネで下町レトロ気分を満喫。**上**／甘味の王道、クリームあんみつ350円も外しがたい一品。

本日のお会計	
そばもんじゃ	350円
お好焼	300円
ラムネ	100円
計	750円也

和食部門	
店名	**鮓 かね庄**
ジャンル	鮨
住所	東京都台東区浅草3-33-9
電話番号	03-3871-6081
ポイント	味 人 C
コメント	2017年開業。御徒町「鮨処 寛八」出身。ランチの握り平日は3900円（8貫と巻き物3切れ）〜。夜の握り（12貫と巻き物3切れ）は平日、土日ともに7800円。

観音裏に加わった江戸前鮨の新たな名店。伝統はただ守るものではなく、進化しながら伝承されていくものなのだろう。

今回は「握り鮨」だ。「江戸前鮨」ともいい、江戸前（江戸湾の漁場）の豊富な魚介類を材料とした鮨のことだ。江戸前という言葉は、古くは鰻に使っていたという。

　握り鮨は、新鮮な魚と酢飯《シャリ》とを手早く合わせて食べる「早ずし」で、屋台で売られ、気の短い江戸っ子には大人気となった。江戸の文化が生んだ鮨だ。1818〜1830年に誕生したと言われ、一般的には両国橋近くの「與兵衛鮨《よへえずし》」（1824〜1930年）の華屋與兵衛が考案者だと言われる（碑文「与兵衛鮨発祥の地」墨田区教育委員会）。「昔の握りは大ぶりだったので、二つに切って提供した名残で、現在でも『お好み』は『二丁づけ』される」という説は、よくできた話だが二つに切るのが標準だった時代はなく、二丁づけは戦後広まったという（宮尾しげを『すし物語』講談社学術文庫）。

　ここで僕の鮨歴を少し。大学生から教員になりたての「青二才」の頃は、本来は客側が使うと無粋な鮨屋の「符丁」を使って粋がっていた。シャリ・

本来は一貫ずつ供される。右より、煮蛤、ウニ、マグロのヅケ、車海老、芝海老のすり身を入れた玉子、鉄火巻き。

ヅケ・ツメ・サビなどは一般化しているが、ギョク（玉子焼き）、キヅ（かんぴょう）、ムラサキ（醤油）、ナミダ（わさび）、ゲタ（漬け台）、アガリ（お茶）、オアイソ（お勘定）などは、今使うと恥ずかしい（「ガレージ＝シャコ」なんてオヤジギャグ風は昔も恥ずかしかったけど）。

山本益博氏の『東京・味のグランプリ』（講談社　以下は『味グラ』と表記）という本をご存じだろうか。それまでも『東京いい店うまい店』（文藝春秋）、山本嘉次郎氏『東京横浜鎌倉たべあるき地図』（昭文社）、石川テルオ氏『プレイタウン東京・横浜・川崎』（新声社）、街歩き情報誌〝月刊アングル〟（主婦と生活社）、高橋幹夫氏『Ｔｏｋｙｏグルメブック』シリーズ（柴田書店）などを参考に食べ歩いていた僕が、本格的な店に通うようになる契機となった本だ。「日本初のミシュラン方式の味のランキング」が売りで、東京を代表する味を「三つ星〜無星」の４段階評価をしている。

山本益博氏といえば、後にフランス料理店の取材過程で肝臓がフォアグラ状態になって入院したことでも有名だ。この本ほど僕の血となり肉となっている本はほかにはない。漫然と食べるのではなく、一軒一軒、評論家の舌と自分の舌とを比べながら食べ歩いたからだ。

この時期、僕は『味グラ』を手に、片っ端から店を食べ歩いた。１９８２年版では全２００軒中１８６軒（93％）・鮨屋38軒中32軒（82％）、１９８４年版では全３６５軒中２９９軒（82％）・鮨屋70軒中42軒（60％）に行っている。この数年間の経験が僕の味覚の基礎となったのだろうと思う。

当時「銀座鮨御三家」と言われた「奈可田」（閉店）、「久兵衛」、京橋「与志乃」のほか、名人と呼ばれた浅草「弁天山美家古寿司」の四代目(先々代)、内田栄一氏、神保町「鶴八」の先々代・師岡幸夫氏、人形町「㐂寿司」の三代目・油井隆一氏（中原一歩『㐂寿司のすべて。』プレジデント

白木のカウンターを配す店内は、凛とした空気感が漂う。

社参照）、「すきやばし次郎」の小野二郎氏（現役）の握りも食べておいて良かった。もちろん後述する御徒町「鮨処 寛八」にも通った。

浅草六区興行街の入り口「すしや横丁」には、明治時代には18軒もの鮨屋が連なっていたというが、今は2軒を残すのみで寂しい。しかし、浅草には今でも有名店が数多《あまた》存在する。「浅草ランチ・ベスト１００」にリストアップした「弁天山美家古寿司」は１８６６年開業の浅草最古の鮨屋で、昔からの江戸前の仕事を残す店として有名だ。僕も祖父の時代から三代通っている。「紀文寿司」も１９０３年開業の老舗だ。

浅草観音裏にも名店が点在する。僕が食べた店は「栄寿司」（１９４９年開業）、地元で人気の「清司」（１９８２年開業）、台東区で初めて『ミシュランガイド東京』で一つ星を獲得した「鮨一新」（１９９２年開業）、銀座「久兵衛」出身の「久いち」（２００５年開業）などだが、なかでも新しい実力店が「鮓 かね庄」（２０１７年開業）だ。

「鮓 かね庄」は、惜しまれつつ閉店した江戸前の名店・御徒町「鮨処 寛八」（１９６６～２０１８年）出身だ。江戸っ子気質《かたぎ》の親方・山田博氏は、84歳まで現役を貫いた。「鮓 かね庄」の大将・渡辺彰さんは、この「寛八」で16年間腕を磨いた職人だ。ほかにも船橋「おかめ寿司」、錦糸町「鮨たか橋」も「寛八」出身である。

店名の「かね庄」とは、北海道は江差近くの元漁師だった渡辺さんの実家の屋号だという。北の海の潮の香りがするようだ。「鮓」は最も古くからの表記で、「魚＋作る」ではなく「魚＋酢」が字源である。

「かね庄」の鮨は伝統的な江戸前で、「煮切り」（醤油・酒・味醂などを煮切った調味料）をひいて一貫ずつ提供する。「煮切り」や穴子などの「ツメ」（穴子の骨を煮詰めた調味料、タレではない）は、その店の「顔」であり、大切な個性となっている。屋台時代は、煮切りは客が自分で刷

中トロ、小鯛、マカジキ、小肌など、丁寧な仕事を施した美しい鮨種。

毛で塗って手づかみで食べ、大きな湯飲み茶碗で指を洗い、店の暖簾で手を拭いて帰った。だから「暖簾が汚れているほど繁盛店の証」とされていたという。昔の様式を残す吉原「満す美寿し」（1959年開業）や浅草橋「柳橋美家古鮨立喰部」（2017年閉店）にはカウンターに手洗い用の蛇口が付いていた。

「寛八」の親方は、「いいことは真似しろ」と言っておられたそうだ。ヅケ、白く仕上げる穴子、蛤《はまぐり》、玉子焼き、かっぱ巻きなどは「かね庄」によって引き継がれている伝統の味である。一日漬け込んだ蛤は、ほかの店の煮蛤のように硬くなくジューシーに仕上げている。芝海老のすり身を入れた玉子焼きは、昔からの手法でカステラのように焼き上げ「鞍掛《くらかけ》」（馬に鞍を掛けたように玉子でシャリを包む）にして提供する。細切りにしたきゅうりを束ね、白胡麻と特製の昆布塩で味つけする〝かっぱ巻き〟は「寛八」の名物だったものだ。

渡辺さんは伝統の上に胡坐《あぐら》をかいているわけではない。比較的大粒の筑波米を取り入れた酢飯は、一粒一粒がほろりとほどける。見事な小豆色のタコは、「寛八」の煮蛸を越える柔らかさを目指して何匹も試行錯誤した力作だ。そのほかの鮨種も同様で、伝統はただ守るものではなく、進化しながら伝承されていくものなのだろう。

「かね庄」の鮨は、ほかの一流店に比べリーズナブルだ。殊に、こ

のクラスの店がランチを出してくれるのはありがたい。〝ランチの握り〟は8貫と巻き物3切れといった内容で3900円。夜のコースは9500～1万5000円ほどだ。人気店の仲間入りをしているので、昼夜ともに予約したほうが安心だ。

渡辺さんは、奥さんの実家に近いという縁から浅草に店を出した。店構えもこざっぱりしており、白木のカウンター9席。掃除の行き届いた落ち着いた空間だ。「寛八」の山田氏には『こころで握る』（メタブレーン）という著書がある。山田氏からは、よく「人の思っていることは形に表れるものだ。店もきれいに保たれていないと良くない客が入ってくる。常に清潔にしておくと良い客が集まる」と聞かされたという。店構えが、逆に客を選ぶのである。その哲学も「かね庄」にしっかりと受け継がれているのだ。

浅草観音裏に加わった江戸前鮨の新たな名店。僕もつくり手に負けないよう、食べ手として「良い客」に選ばれるよう、襟を正して精進したいと思う（と言い訳しながら、ただただ食べ飲み歩く毎日なのであった）。僕も肝臓がフォアグラにならないよう気をつけたい。

右ページ上／鮨種の箱から覗くその美しさに目を奪われる。**右ページ下**／「寛八」直伝のかっぱ巻き。昆布塩をふった瑞々しい極細切りのきゅうりと白胡麻の食感、風味の相乗が楽しい！　**上3枚**／店主の渡辺彰さん。ほぼ毎日豊洲市場へ足を運んで、仕入れをする。日常の喧騒を逃れた空間で、ザ・江戸前の握り鮨を堪能する悦楽。

本日のお会計	
ﾗﾝﾁの握り（土日は5200円）	3900円
計	3900円也

揚げ物中心なので、まず油にこだわり、パン粉はオリジナルブレンドで焼き上げたパンを挽いて

ご飯物・丼物部門	
店名	とんかついとう
ジャンル	弁当
住所	東京都台東区浅草6-37-1
電話番号	03-3873-8784
ポイント	★ 味 C
コメント	職場の都立浅草高校で独自に行なった「浅高ランチ総選挙」にてグランプリ！　弁当は380円（アジフライ弁当）～。

フワフワのものを使用。ソースもとんかつに合うようにブレンドされている。

浅草6丁目の目立たない場所に、一軒の小さな弁当屋がある。近所の人以外には、ほとんど知られていない。営業時間は、基本的に昼の2時間のみ。看板もないので、シャッターが閉まっていると店だとは気づかない。

しかし、見くびってはいけない。ここは知る人ぞ知る実力店なのだ。店の名は「とんかついとう」。揚げ物中心の弁当屋だ。店主の伊藤英俊さんと妻の弥生さん、そして4人のパートの方々で営業している。2時間に50人ほどの客が押し寄せ、行列をつくる。つくり置きはせず、注文に応じてつくるので、6人掛かりでも店はてんてこ舞いなのだ。なぜこんなに人気があるのか。それは、ひとえに「おいしいから」にほかならない。35年以上前、先代は自宅であるこの場所で食堂を営んでいた。そして、ある老舗とんかつ屋の先代と知り合いだった縁でデパートでの出店を任されることになる。

食堂をやめ、当初は製造のみだったが、ほどなく金曜日のみ地元の人

右ページ上／都立浅草高校の前にある山谷堀公園にて。「僕はソースたっぷり派！」。　**右ページ下**／巨大な揚げ物、存分に頬張れる白米が詰まるロースかつ弁当720円。**下**／揚げ物&ライスがぎゅうぎゅう詰まる弁当は、蓋が閉まりきらないほど。

にそのとんかつを販売するようになる。現店主の英俊さんも勤めをやめて家業を継ぎ、結婚後に弥生さんも加わったことにより、毎日店を開けるようになった。今でも金曜日のみは夜も営業し、金曜限定で肉団子も販売するのは昔からの名残なのだ。というわけで、昼2時間のみという変則的な営業の秘密はここにあるのである。

そして、揚げ手の英俊さんは、デパート品質の商品をつくる技術を持っているので、そんじょそこらの弁当屋とはレベルが違うというのがおいしさの秘密なのだ。

「いとう」の定番メニュー数は20種類ぐらいだが、単品のトッピングも自由だし、〝お好きな組み合わせ弁当〟も単品の合計＋200円でつくれるので、メニューの内容は無限に広がる。毎日食べても飽きないのだ。僕は〝ロースかつ弁当〟がお気に入りだが、人気メニューは〝から揚げ弁当〟や〝ひれかつ弁当〟だという。たしかに、から揚げはジューシーで旨味たっぷりだし、後に述べる〝ひれカツサンド〟も名物だ。しかも、朝5時30分から仕込みをしているので、事前に買いに行く時間に合わせた電話予約ができるのもうれしい。

揚げ物中心なので、まず油にこだわり、品質のよいサラダ油を厳選している。パン粉はオリジナルブレンドで焼き上げたパンを毎日挽いてフワフワのものを使用する。ソースももちろん、とんかつに合うようにブレンドされている。

僕が勤務する浅草高校は幸いなことに店の近所の今戸にある。数年前、職員対象に職場周辺の「浅草高校ランチ総選挙」を実施したところ、「とんかついとう」が断トツでグランプリを受賞した。ちなみに、ベストテンには、割烹「一直」、割烹「上総屋」（向島）、手打ちそば「丹想庵 健次郎」、「和洋食屋 いいま」、「麺屋 ぶんすけ」などが入選している。

「カツサンド」の誕生は1935年頃だと言われている。程よくたたいて下ごしらえをしたお箸でも切れる柔かいヒレカツを使い、花街の芸者衆がお座敷の合間にいただけるように、また口元が汚れないようにとの気遣いから小ぶりのパンを使用したカツサンドが誕生したのだ（青木ゆり子『日本の洋食』ミネルヴァ書房）。サンドイッチや鉄火巻きはギャンブルの際に食べやすいよう生まれたというが、花街だからこそ生まれたカツサンド。これからは心して食べていただきたい。

「いとう」も浅草の花街の近くにあり、ひれカツサンドは一口サイズだ。余談となるが、根津「香味屋」、人形町「芳味亭」、柳橋「百万石」、日本橋「たいめいけん」（新川で創業）、神楽坂「田原屋」（閉店）、浅草「グリル グランド」など花街には洋食屋・とんかつ屋が付き物だ。流行に敏感な芸者衆には、お座敷以外ではハイカラな洋食が好まれたのだという。浅草観音裏「グリル佐久良」や「とんかつ とん将」もカツサンドが名物となっている。「ヒレかつサンド」というと、一日に3万食売り上げるという「まい泉」（1965年開業）が有名だ。

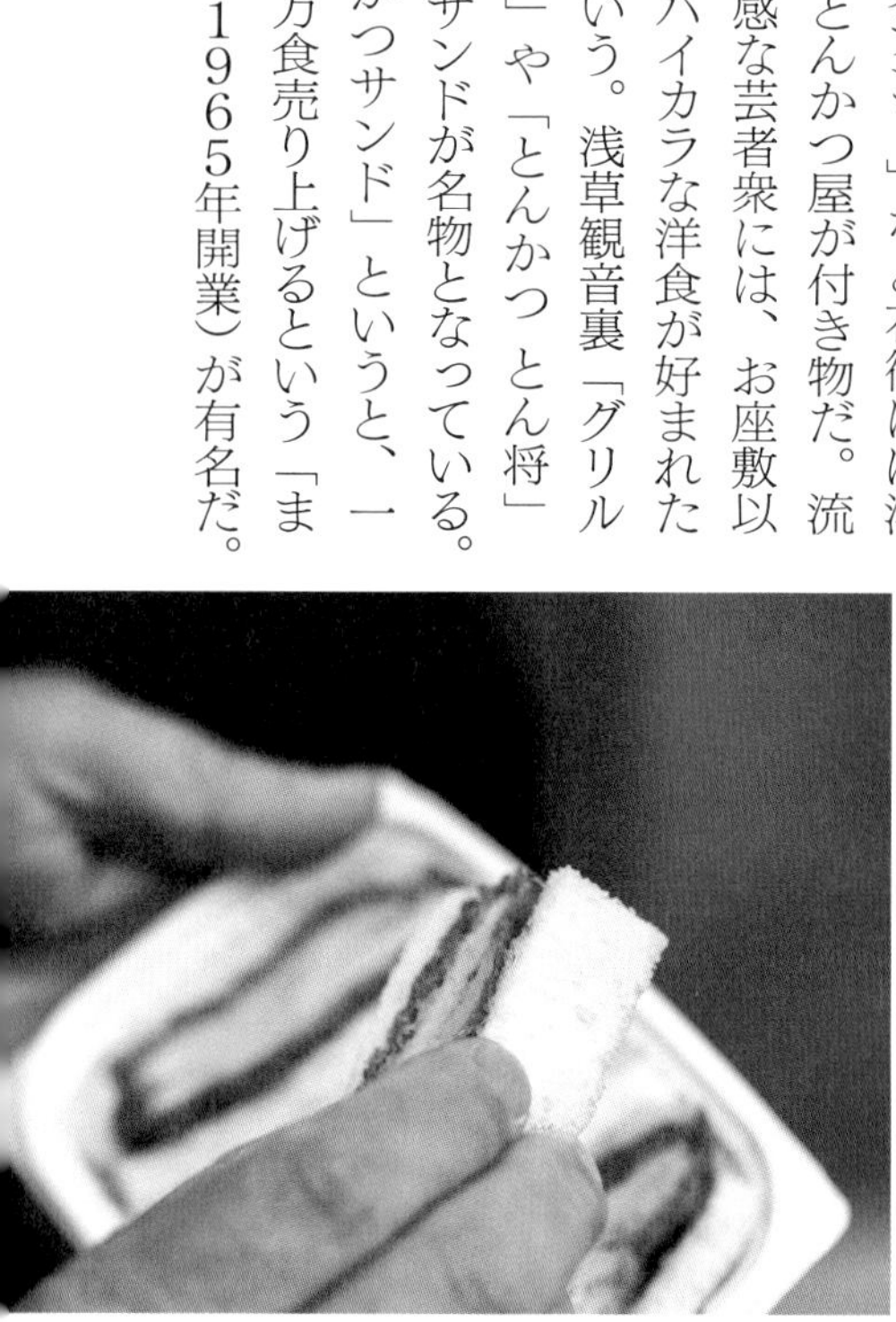

「まい泉」も一口サイズとなっていて、3切れ422円。一方「いとう」は同じ3切れで320円……。

僕は「いとう」のひれカツサンドが大好物だ。これだけでは一食分にはならないが、副食として、また小腹がすいたときに重宝するし、居酒屋やスナックのママへのお土産としても喜ばれるのだ（シーッ！ これは秘密）。これからも地元のために、老舗品質の庶民派弁当を提供し続けてください。

最後に、僕が選ぶ**「浅草・弁当番付」**をご紹介しよう。

【横綱】……**「とんかついとう」**浅草6丁目。

【横綱】……**「レストラン弁当 松膳」**鳥越。元フレンチシェフ。メンチカツ弁当が凄い！

【大関】……**「わびすけ」**浅草3丁目。「浅草ランチ・ベスト100」選出。500円の日替わり弁当が良い。

【大関】……**「魚敏」**浅草5丁目。魚屋がつくる海鮮弁当。20種類あり、リーズナブル。

【関脇】……**「鳥清」**今戸。若鳥専門の鶏肉店。圧巻の40種類。「とりわさ弁当」が好き。

【関脇】……**「ふなちゅう 歩《あゆみ》」**浅草2丁目。焼鳥「鮒忠」の唐揚げ弁当専門店。

【小結】……**「明るい農村」**浅草1丁目。店名が秀逸。手づくり弁当・おむすび・サンドイッチ。

【小結】……**「卯《うさぎ》」**日本堤。山谷の労働者を支える格安弁当店。いろは会商店街。

右ページ上／そっけない佇まいながら、弁当屋「とんかついとう」の前には小さな行列が。予約をしておく常連も多数。**右ページ下**／ひれカツサンドは大きな口を開けずとも食べられる細さがオツ。320円。**上**／単品にプラス200円で弁当にできる。一口ひれかつ180円とから揚げ80円の弁当460円人気の組み合わせ。

本日のお会計	
ロースカツ弁当	720円
計	720円也

ご飯物・丼物部門	
店名	**鮨468**
ジャンル	棒寿司
住所	東京都台東区西浅草3-23-14
電話番号	03-3843-6964
ポイント	味 独 安
コメント	2005年開業。京都「すし岩」出身。棒寿司専門店。穴子・サバ・ぐじ各4840円。½本2420円。

看板の〝穴子の棒ずし〟は、大きな穴子を開き、鱧切りの要領で骨切りをする。香ばしく、豊かな味わいがたまらない。

置き看板には「棒 468」と謎めいた文字。その正体は棒寿司の専門店。写真のような「穴子・サバ・はこ・ぐじ」の4種盛り合わせたセット2420円も楽しめる。持ち帰りやおもたせの需要も高い。

かっぱ橋道具街に程近いタワーマンションの前の路地に、謎の店がある。置き看板には「棒 468」とある。棒を468本売っているのか？ 上に目をやると、袖看板には「すし 468」とある。そうか、鮨屋なのか。

　店の正式名称は「鮨 468《ヨーロッパ》」。同じ西浅草には「天ぷら 福岡 from New York」というニューヨークでゴジラ・松井秀喜氏が愛用していたアメリカ帰りの店がある。ということは、ヨーロッパ帰りの鮨屋なのだろうか？ 想像を膨らませながら大将の岩崎康次《こうじ》さんに伺うと、「ただのシャレです。少しでも目を引くかなと」。

　確かに一度聞いたら忘れないだろう。箸袋にも謎の漢字が。国語の教員の僕にも読めない。それもそのはず、「4」「6」「8」を組み合わせた岩崎さんの創作漢字だそうだ。

「図書館で習字の本を借りて書いたんです」

　岩崎さんは京都出身。京都の寿司・割烹「すし岩」で10年間修業した後、「どうせなら東京で勝負してみたい」との思いでこの店を出したのが2005年。扱っているのは関西風の〝穴子の棒ずし〟などと〝芋吸い〟。料理はどれも絶品なのだが、店主の岩崎さんは、捉えどころがなく、

お茶目な「変な人」だ。数分置きにシニカルなギャグが炸裂するのだ。「芋吸いおいしいね」と言うと、「はい、それクノールです」という具合に。京風のユーモアに、僕たち東京人の笑顔は引きつるのだった。

　関西流の押し寿司は東京では珍しい。そこで僕は、ギャグに負けずに、岩崎さんを質問攻めにした。すると、知らないこと、勘違いしていたことがたくさんあった。ネットにも誤りが多い。それをクイズにしてみたので、〇か×かでお答えください。

「江戸前・関西、すしクイズ〜！」

Q1 もともと、「鮨」は関東の江戸前握り、「鮓」は関西の押し寿司を指した。

Q2 関西の酢飯が関東より甘いのは、関西人が甘口好きだからだ。

Q3 関東の穴子は煮穴子、関西の穴子は焼き穴子が基本だ。

Q4 同じ関西寿司でも大阪は箱寿司、京都は棒寿司が専門だ。

Q5 バッテラとは鯖の押し寿司のことである。

Q6 和食の飾りや弁当箱の仕切りに使われる笹を「バラン」という。

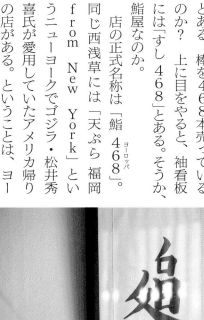

A1「×」

両方とも中国の辞書には2000年以上前から載っているが、最も古い「鮓」は「馴れずし」。次に古い「鮨」は「魚の塩辛」がもともとの字源だ（「東京すしアカデミー」HP参照）。確かに、関東は「鮨」、関西は「鮓」の字が使われることが多かったとはいわれるが。

A2「×」

「握り鮨にとって一番大切なものは、酢飯です。そのシャリも温度がとても大切で、人肌が握りの味を一定にするのです」（「すきやばし次郎」HP参照）という江戸前に対し、関西ではつくってすぐに食べるのではなく時間が経ってから食べることが多いので、冷めたシャリを使う。同じく関西のシャリが甘めなのには、砂糖を多めにして時間が経ってもシャリが乾いたり硬くなったりするのを防ぐという保水の意味合いがある。

A3「○」

江戸前は「煮穴子」にツメ（穴子の骨を煮詰めた調味料）を塗って提供する。一方の関西は「焼き穴子」である。「468」の穴子はふっくら仕上がっているので、蒲焼きのように焼いてから蒸しているのだろうと勝手に思っていたが、焼いているだけだと聞いて驚いた。岩崎さんは、相変わらず「『食べログ』で『468では焼いて蒸している』と書いてあったので、へ〜、僕はそうやってつくってるんだと知りました」と、とぼけている。

A4「×」

江戸前の握りに対し、関西の伝統的な寿司は押し寿司だ。「箱寿司」は、四角い木枠に寿司飯を詰め、具をのせたあと押さえてご飯と具材とを密着させるもので、断面は四角くなる。「棒寿司」は、一匹丸ごと（または半身）の魚と寿司飯とを巻き簾《す》布巾などで押して成形したもので、断面は丸みを帯びている。鯖の棒寿司は古くから京都の家庭で「晴れ」の日につくられてきた。一方の箱寿司は大阪発祥で、1897年に「吉野

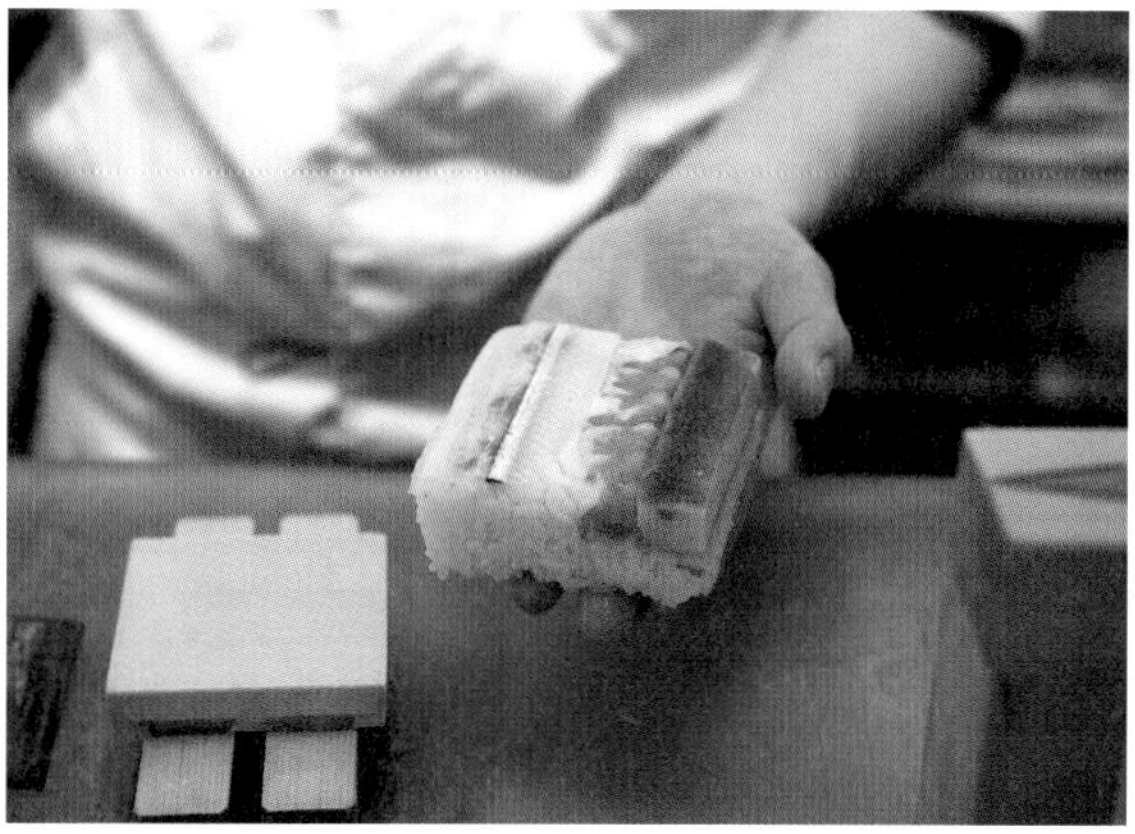

右ページ上／読めますか？岩崎さんの創作漢字は、「4」「6」「8」で組み立てられています。**右ページ下**／店主の岩崎康次さん。**上・下**／穴子、サバ、ぐじの棒寿司と同等の人気の箱寿司。箱寿司は、専用の押し箱に葉らんを敷き、鮨種、酢飯の順に重ねて、ぎゅっと押さえて一体化させる。

寿司」が初めて木枠を使ったとされる。しかし、今ではどちらも関西では一般的で区別はない。

A5「×」

バッテラは大阪名物の箱寿司で、鯖の上に白板昆布をのせて押す。バッテラの語源はポルトガル語で「小船・ボート」を表す〝bateira〟(バッテイラ)で、当時は箱型ではなく舟形だったという。発祥は大阪「寿司常」で、1894年頃。コノシロを使うのが最初からの形だ。ただし、「468」にはバッテラはない。

A6「○」

もともと、関西は「ハラン(葉蘭)」(スズラン亜科)、関東は「クマザサ(隈笹)」が使われていた。後に緑色のプラスチック製の「人造バラン」が生まれ、ハランが連濁した「バラン」が一般名称となった。鮨屋を中心に「はらん切り・笹切り」という装飾が発展したのだが、「468」のハランでつくったカエルはお茶目だ。

「468」は、本場の棒寿司・箱寿司が味わえる貴重な店だ。この日は、「穴子・サバ・はこ・ぐじ」の4種盛り合わせをいただいた。看板の穴子の棒ずしは、鱧《はも》と同じぐらいの大きな肉厚の穴子(500~600g)を使う。「468」では、この大きな穴子を開き、鱧切りの要領で骨切りをする。そして、ふっくらと焼き上げ、つけだれで食べる(関東風のツメではない)。香ばしく、豊かな味わいがたまらない。〝サバの棒ずし〟も肉厚で脂がのっており、満足感が違う。その他、ぐじ(甘鯛)の棒寿司、サヨリ・海老と玉子の「はこ(箱寿司)」がセットだ。キス・焼いたカマス、鱧(夏場)なども使うという。

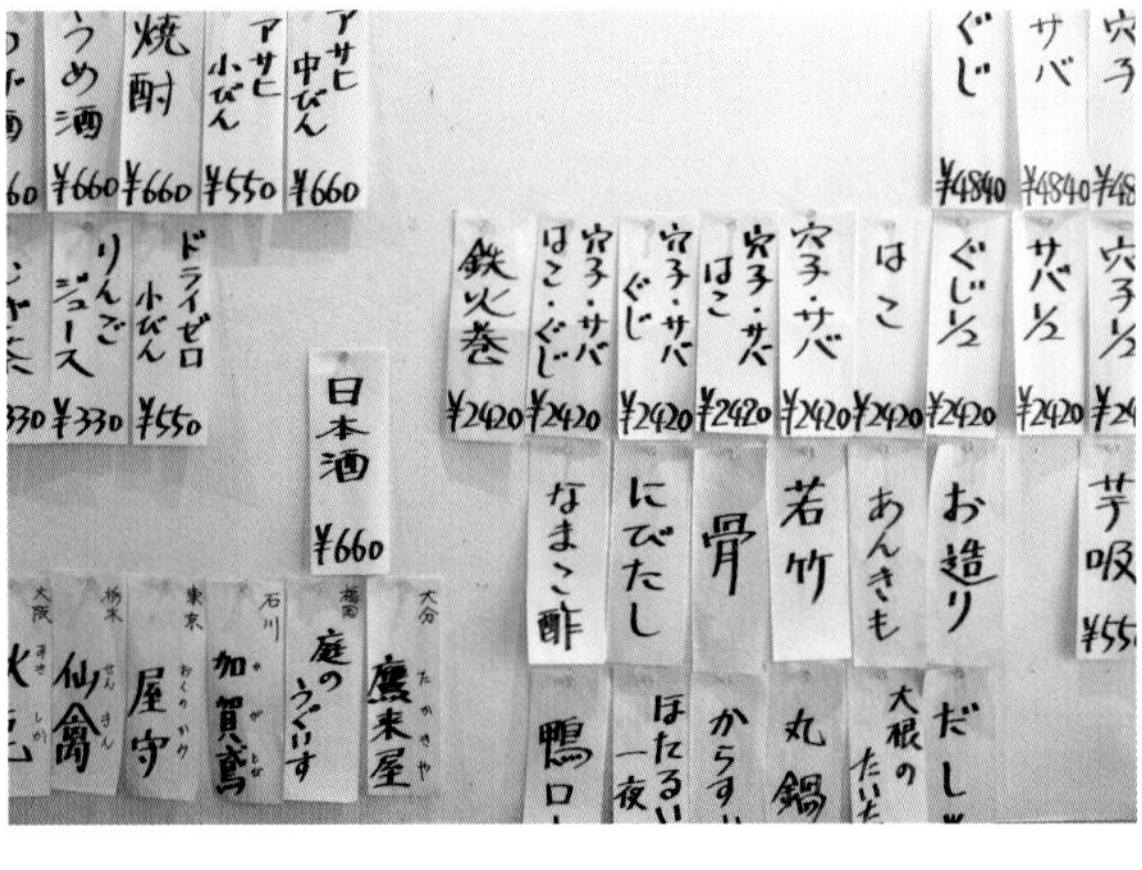

昼も夜もメニューは同じだが、関西風のだし巻きや、じっくり干してから低温でゆっくり揚げた穴子の骨など酒のアテも充実している。「アテ」とは肴の関西風の言い方で、「酒席に〝あてがう〟おかず」のこと。僕は普段使わないのだが、今回は京風のお店に敬意を表して。日本酒も常時6種類ある。そそられる銘柄ばかりで、順次入れ替わる。

「468」はカウンター6席。人気店なので予約が安心だ。店内は岩崎さんの調理衣も、壁も、食器も、動物の置物も、すべて白一色で統一されている。「白だと高級に見えると思って」とおどけるが、岩崎さんは『Casa BRUTUS』(マガジンハウス)の愛読者で、家・デザイン・アートなどにも通じている。

そうそう、もう一つの名物が芋吸い。修業先直伝だそうで、いわゆるじゃがいものすり流し。とろみのある、薄味で上品な椀物だ。「芋粥」のような甘いものを連想して今まで注文しなかったことに大後悔した逸品である。お椀には蒸して潰し、揚げた椀種が入っているのだが、その中に控えめに忍ばせているものは何か……、それは食べてのお楽しみとしましょう。

今回は関東と関西との食文化の違いについて考えさせられた。醤油の違い、だしの違い、玉子焼きの違いなどのほかにも、知らないことは、まだたくさんあるのだと実感した次第だ。

右ページ上／棒寿司には包丁仕事が冴えるハランが添えられる。カエルがチャーミング！　**右ページ下**／お酒の進みそうな一品料理も。**上**／芋吸い550円は、いわば、じゃがいものすり流し。葛をかいたような上品なとろみがある。椀種もじゃがいも。種の中にはとりどりの具が入っている。

本日のお会計	
「穴子・サバ・はこ・ぐじ」の4種盛り合わせ	2420円
芋吸い	550円
計	2970円也

真鯛の刺身を
最初は本わさびと醤油で、
次に特製胡麻だれをつけて、
そして最後にお茶漬けでいただく。
「鰻のひつまぶし」のように
3回楽しめるのだ！

和食部門	
店名	割烹家 一直
ジャンル	割烹
住所	東京都台東区浅草3-8-6
電話番号	03-3874-3033
ポイント	歴 味 雰 女
コメント	1878年開業。浅草見番推薦。10食限定の鯛茶漬け2500円が出色！　プチ会席4950円。要予約。

格式のある料亭ながら、昼に提供する鯛茶漬け2500円は気負わずに味わえる。美しい真鯛の刺身に豚の角煮の小鉢、ご飯、お漬物などが付く。刺身は「みがき胡麻」をすりおろした濃厚でクリーミーな胡麻だれにくぐらせ、細かく刻んだみょうがや青じそ、塩昆布、さらしねぎ、おろしたてのわさびをのせていただこう。鰹節は少なめに、夜の会席のお椀でも使う極上の昆布をたっぷり使っただしをかけて。

「割烹家 一直《いちなお》」は、江戸料理の流れをくむ、浅草でも屈指の会席料理の老舗名店だ。昭和初期までは「五軒茶屋」(「一直」「草津」「松島」「大金」「萬梅」)と呼ばれる浅草の代表的な料亭の一軒だった。
「懐石」は「温石《おんじゃく》で腹を温めるのと同じ程度に腹中を温める軽い食事」の意で、「茶会の料理」を指す。一方「会席料理」は「宴会の料理」、つまりお酒をおいしくいただくための上等なもてなし料理のこと。「江戸料理」は「大名料理」がルーツで、参勤交代で国に帰るときにも携行する折り詰め料理として常温で3日間もつようにつくられた。そのため味が濃いのが特徴だ。

「一直」の歴史は江戸時代にまで遡る。ＨＰを参考にまとめてみよう。

初代は生け花の師匠をし、埼玉県鴻巣で茶店を営んでいた。その号「鳥松齋貞一直《ちょうしょうさいていいっちょく》」から店名が生まれる。三代目が浅草「奥山の一直」を１８７８年に開業。桜の名所だったことにちなんで看板料理は「桜豆腐」だった。

江戸時代の「奥山」は、浅草寺本堂の北西一帯を指していたが、明治になると「花やしき」の辺りに移っていた。「一直」は、当初は「花やしき」の裏側にあったのだ。庶民的な店だったが、大正の頃、四代目の時代には、各界の著名人が顧客に名を連ね、一日に３５０~４００人の客が入り、料理人40人、従業員１００人、敷地６００坪の高級料亭へと成長する。

関東大震災とその後の大火で店舗は二度も消失してしまうが、その都度建て直された。しかし、戦争に伴う「建物疎開」(空襲による延焼を避ける防火地帯を設けるために、建築物を撤去すること)により取り壊されてしまう。浅草寺を火災から守るためだ。

だが、そんな計画も空しく、東京大空襲で浅草は壊滅的な被害を受ける。「一直」が現在の地で再開するのは１９５１年だ。規模も縮小して割烹となった。

話は前後するが、五代目は銀座「竹葉亭」、人形町「濱田屋」などと、１９３０年に「芽生会《めばえかい》」を立ち上げる。これは、当時は主人に対して発言権がなかった老舗の若主人たちが集まった勉強会で、今では有名料理人による全国組織に発展している。そして、五代目は関西料理の要素を取り入れ、「一直」の料理に改革をもたらした。

現在は、六代目の親方・江原《えはら》仁氏、女将・圭子さん、七代目の若旦那・正剛《まさたけ》氏を中心に店を守っている。

親方は、オーストリアの日本大使館料理人、「芽生会」会長、「全国料理環境衛生同業組合」副組合長などを歴任された日本料理界の重鎮だ。若旦那も「東京浅草組合」組合長である。これは浅草三業組合のまとめ役のことだ。今回の取材は、若旦那にお願いしている。

花柳界・花街のことを「三業地」とも呼ぶ。「料理屋(割烹料亭)・待合茶屋（料亭）・置屋（芸者屋）」の三業が公安委員会から営業することが許可された地域のことだ。待合茶屋が貸座敷として遊びの場を提供し、そこに置屋から芸者を呼び、料理屋が料理を供した。その調整をする事務所が「見番《けんばん》」だ。「置屋」とは、芸者が所属する「家」のことで、花街の門をたたいた少女を住み込みで修業させ、一人前に育て、客の求めに応じて座敷に芸者を差し向ける。今では料亭が料理屋と待合とを兼ねている場合も多い。

「東京六花街《ろっかがい》」と言われるのは「芳町・柳橋（衰退後は向島）・新橋・赤坂・神楽坂・浅草」で、その他にも深川（辰巳芸者）・神田（講武所芸者）・根岸・四谷荒木町・大森・大塚・八王子・渋谷円山町など多くの花街が存在した。なかでも東京で最も古い歴史を有する花街は浅草である（松川二郎『三都花街めぐり』誠文堂）。

浅草は大正末期には、料理屋49軒、待合茶屋２５０軒、芸者衆１０６０名を誇った。だが現在は時代の変遷とともに、料亭・料理屋6軒、芸者は地方《じかた》（三味線と唄）5名、立ち方（踊り手）20名の計25名ほどになっている。見番も健在である。

花柳界の女性は芸妓《げいぎ》が正式名称だが、文章語のようなもので「げいぎさん」とは呼ばない。一人前と見習いとに区別され、東京では「芸者」、見習いを「半玉《はんぎょく》」、京都では「芸妓《げいこ》」、見習いを「舞妓《まいこ》」と呼ぶ。

「一直」のランチの名物〝鯛茶漬け〟は10食限定。予約が望ましい。真鯛の刺身を最初は本わさびと醤油で、次に特製胡麻だれをつけて、そして最後にお茶漬けでいただく。「鰻のひつまぶし」のように3回楽しめるのだ！

この日は女将さん自ら盛りつけてくださった。まず鯛にたっぷり胡麻だれをからめてご飯にのせ、その上に塩昆布・みょうが・大葉などの薬味を散らし、熱々のだしを注ぐ。蓋をして10秒ほど蒸らし、海苔をたっぷりかければ完成だ。濃厚でクリーミーな胡麻だれ、上質な昆布と鰹でとっただし、鯛の旨味、そして驚くほど薬味を使うのだが、それらが一体化し、絶妙のハーモニーを奏でる。多くの店で鯛茶漬けを食べたが、「一直」にかなうものはない。なにしろ他店とは違い、鯛が豪快に厚切りにされているのだ。薄切りだと、すぐに煮えてホロホロと崩れてしまう。「一直」の鯛は歯ごたえが残り、満足感が桁違いなのだ。あぁ、書いているだけでヨダレが出てきてしまう。若旦那が九州の鯛茶漬けをヒントに考案したもので、まさに絶品！一度はご賞味あれ。

右ページ上／浅草でも指折りの歴史と格のある料理店。しっとりとした風情が漂う店構え。**右ページ下**／大火が起きる以前の「一直」の中庭と芸者衆を撮った写真。華やかな興隆ぶりが偲ばれる。**上**／六代目の親方・江原仁さん。**下**／息子で七代目の正剛さん。

右上／プチ会席（要予約）4950円〜。先付け、お造り、焼き物、煮物、鯛ご飯と味噌汁で構成される。こちらは先付けの、ホタルイカと木の芽の和え物。**右下**／お造りの真鯛、色鮮やかな赤貝。**左上**／東京湾の竹岡沖で揚がった太刀魚。身の厚さも大きさも立派。**左下**／鯛ご飯は、ほぐした鯛の身と、穴子や赤むつなどの骨でだしをとったタレをご飯に和えている。**下**／江戸料理の代表格ともいえる煮物。里芋、豚のバラ肉、ふきが入る。

ランチメニューには〝銀鱈西京焼〟や〝プチ会席〟（要予約）もある。江戸料理の代表は煮物。また、名物〝桜豆腐〟は、車海老（昔は芝海老）と桜の塩漬け、そして吉野葛の餡かけ豆腐だ。

以前は「一見《いちげん》さんお断り」だったが、宣伝をしない代わりに、ランチで店の味を知ってほしいと始めたそうだ。夜のコースと同じ厳選素材を惜しみなく使っており、ランチは儲け度外視だという。行かないという手はない！

２００９年にきれいに建て直され、それを契機に関西割烹のような白木のカウンターを設けた。客側も調理を見ることができて楽しいし、親方や若旦那と会話もできる。料理する側にも緊張感が生まれ、客の反応も感じられ、やり甲斐があるという。

夜のコースは、お酒・サービス料も含むと2万円くらいから。芸者さんを店に呼んでもらう「花代」は、ご祝儀込みでおおよその平均予算で芸者さん一人につき2万５０００円。お客５人で伺えば一人頭５０００円。これだったら「芸者を揚げる」のも夢ではない！

芸者の「乃り江さん」は、『一直』は浅草でも別格の店です。でも、夜のコースを食べないと本当の価値はわかりません」とおっしゃる。ハイ、僕も頑張ります。乃り江さんは観音裏で「お茶屋さろんＫａＳＨｉＭａ」というＢａｒを営んでいる。僕も時々伺うのだが、紹介制なので悪しからず。

本日のお会計	
鯛茶漬け（一日限定10食。豚の角煮の小鉢が付き、ご飯はお代わりが可能）	2500円
計	2500円也

神林先生オリジナルの千社札。「この本で取り上げた店に行かれる際には、ぜひ『神林の本を見た』とおっしゃってください。品数が増えはしませんが、きっと歓待していただけると思います。写真のような『千社札』が、僕の行きつけの15軒限定で貼ってあります。見つけても賞品はありませんが、僕からの『おいしさのお裾分け』です。探してみてくださいね」。

ひとり飲みの店ランキング11/25

浅草エリアで訪ねた店の数は1255軒。ミニコミで僕のとっておきの「ひとり飲みの店」を挙げてみました。この本では、その中の11軒を紹介します。ミニコミは、職場の人たちに推薦するためランキング形式になっていますが、すべてお薦めの店ばかりですので、悪しからず（掲載店の皆さん、怒らないでね）。

その昔から、「大坂の食い倒れ、京の着倒れ、江戸の飲み倒れ」という言葉があります。三倒れにたとえられる精神は、本当に飲んで倒れてしまうことではなく、「飲むことに人生を懸ける」情熱からそう称しています。浅草という街も、そこで40年以上、飲み歩きをしている僕にも、その精神が宿っているように思います。

しかし、観光客向けの店が立ち並ぶ「表」で浅草の本当の魅力を見つけることは難しいものです。「観音裏」と呼ばれる浅草寺裏の花街にこそ多くの名店が潜んでいます。と同時に、この地域は、小さな、粋な、居心地のよい「ひとり飲み」の店の宝庫でもあるのです。

僕が思うひとり飲みに適した店の条件は、第一に「人」です。「名物女将と話ができる店」、あるいは「寡黙で腕のいい大将がいる店」が望ましい。

次に、「カウンターで飲める店」というのも大切な要素です。

もちろん「いい酒が揃う店」「肴が充実している店」という条件は欠かせません。

実は、僕の敬愛する居酒屋探訪家の太田和彦氏は「居酒屋三原則」として、「いい人、いい酒、いい肴」を挙げています。僕は、この「人」の中に「客」の存在も加えたい。「主人や客との会話が楽しめる店」、特に「地元店の情報交換ができる店」もひとり飲みの大きな楽しみだからです。加えて「渋くて落ち着いた雰囲気の店」がいいことは言うまでもありません。

しかし逆に、「さんざめき（心地よいざわめき）の中で飲むことができる店」も忘れずに挙げておかなければなりません。

授業が終わって職員室へ戻る頃には、今夜はどこに行こうか、いつも思案してしまいます。それほど良店が多いのです。

さぁ、いよいよ店の紹介へと入ります。

２０１９年4月27日　神林桂一

マークの見方

女将	名物女将と話ができる店
大将	寡黙で腕のいい大将がいる店
カ	カウンターで飲める店
酒	いい酒が揃う店
肴	肴が充実している店
話	主人や客との会話が楽しめる店。情報交換ができる店
雰	渋くて落ち着いた雰囲気の店
さ	さんざめき（心地よいざわめき）の中で飲むことができる店

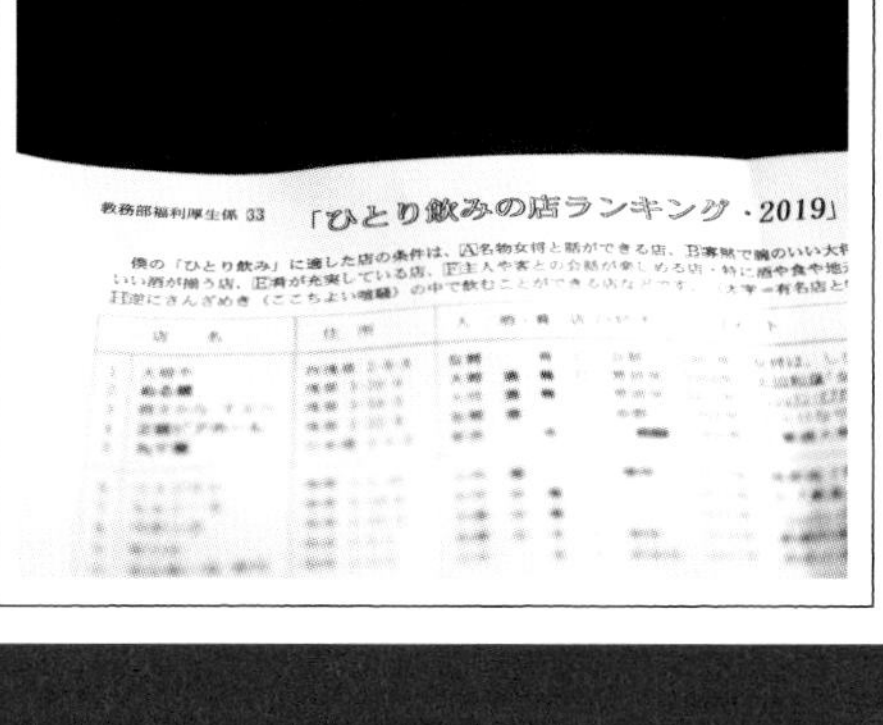

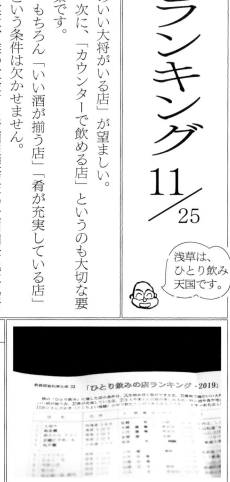

店名	**食堂うんすけ**
ジャンル	カレー
住所	東京都台東区浅草4-17-3
電話番号	090-4477-8579
ポイント	女将 力 酒 肴 話 さ
コメント	2014年開業。ママが集めた民藝の品とカレーと手料理の店。夜は厳選した日本酒も。

ママの人柄は、拍子抜けするほど肩の力が抜けている自由人。

「食堂うんすけ」は、僕が理想とするひとり飲みの店の条件のほとんどを満たしている。

[女将]「名物女将と話ができる店」、[カ]「カウンターで飲める店」、[酒]「いい酒が揃う店」、[肴]「肴が充実している店」、[話]「主人や客との会話が楽しめる店」、[渋]「渋くて落ち着いた雰囲気の店」、といったものだ（ほかに、[大将]「寡黙で腕のいい大将がいる店」、[さ]「さんざめき（心地よいざわめき）の中で飲むことができる店」というのもあります）。

「うんすけ」とは酒や焼酎を入れる注ぎ口の付いた陶器の壺「雲助」のこと。店名の表記は漢字にしようと思っていたが、「〝くもすけ〟としか読めないだろう」と開店前に親に止められ、かな書きにしたという。大分県日田市の小鹿田焼《おんたやき》を中心とした民藝の品も扱っている。

たっぷりの牛すじと大ぶりのにんじんがごろんと入る民藝咖哩。単品900円、小鉢の付く定食スタイル1100円。器は小鹿田焼。大分県日田市で生まれ、昭和初期の思想家、柳宗悦氏に「世界一の民陶」と賛辞を送られた伝統工芸品の一つ。

開店当初は「民藝咖哩」と名乗っていたが、カレー専門店ではない。地味だけど滋味あふれる「おばあちゃんごはん」を大切にして提供したいという思いから、「食堂」に改めた。

夜は厳選された日本酒もあり、居酒屋使いができる。カウンター4席、テーブル8席。民藝品や渋い調度品に囲まれた、落ち着いた空間だ。

ママの嶋田智子さんは佐渡の生まれ（浅草では有無をいわさず、女性店主は「ママ」と呼ばれるんです）。その食文化が自らの根底にあるという。以前は北欧家具店「ＩＫＥＡ」のレストランで働いていた。焼き物に興味を持ったのは、飲食の仕事を始めてからのことだ。店を開くにあたっては、浅草へのこだわりは皆無で、手頃な物件を探している中で現在の店舗に出会った。

いざ、浅草で商売を始めてみると、最初は少々おせっかいで口うるさいご近所さんに面食らっていたものだが、慣れてみると「これほど情が厚く、住みやすいところはない」とすっかり気に入り、地元に溶け込んでいる。それどころか、定期的に実施されている「浅草エーラウンド」という奥浅草（最近では、観音裏とさらに外側の千束・日本堤・清川・橋場・今戸などを含むエリアをこう呼んでいます）の「革とモノづくりの祭典」の理事として活躍したり、地元や物づくりをする人たちを応援するさまざまな活動をしたり。小さな店にもかかわらず、今ではすっかり「情報発信基地」のようになっているのだ（ぜひＦａｃｅｂｏｏｋやＴｗｉｔｔｅｒをチェックしてみてください）。

ママの人柄は決してモーレツ型ではない。拍子抜けするほど肩の力が抜けている自由人。ひょうひょうとしたキャラクターも、客を惹きつける大きな魅力なのかもしれない。仕事の手だって抜かない。5時間じっくり煮込んだ牛すじのカレー〝民藝咖哩〟は、飲みの〆にぴったり。ぜひ味わってみてほしい。僕は中辛が大好き！

上／思い入れのあるポスターを切り抜いたり、品書きは半紙に墨で書いたものだったり、店内はどこかアーティスティック！　**左ページ上**／ママの嶋田智子さんはパソコンのインストラクターを経て、食の世界へ。飲食の仕事に携わるようになってから、民藝の器の魅力に目覚めた。**左ページ下**／車麩の煮物350円。瓶ビールは、冷蔵庫からセルフでどうぞ。

本日のお会計

民藝咖哩（小鉢付き）	1100円
瓶ビール（サッポロラガー）	600円
日本酒“しぜんしゅ 燗誂”	750円
計	2450円也

店名	**林檎や**
ジャンル	居酒屋、洋食
住所	東京都台東区浅草3-27-11
電話番号	03-6802-4377
ポイント	女将 酒 肴 力 話
コメント	2016年開業。元向島芸者・りんごさんの居酒屋。ランチのカレーも夜の料理も旨い。

右／ファンの多いあんかけ焼きそば1200円は、バー「Bee」でオーナーから免許皆伝を許された一品。二人で食べても十分なボリューム！　**左上**／マスターの中谷大輔さんは、元バーマンながら、多彩な料理をパワフルに手際よくつくり上げる。女将のりんごさんこと渡邊理恵さんは、明るく賑やかにもてなしてくれる。**左中**／豆本のごときオリジナルマッチ。「時代に逆行してるでしょ？（笑）」とりんごさん。こんなキュートなマッチをつくってしまうセンスたるや。**左下**／ねぎチャーシュー600円は、ラフロイグのハイボール1000円と絶妙な相性。

芸者さんの気配りと接客。バーマンの気の利いた酒と肴。思えば、この二人の取り合わせは最強ではないだろうか。

「林檎や」があるのは、浅草は馬道《うまみち》通り沿い。浅草寺の脇を南北に延びるこの道と、東西に交差する言問《こととい》通りを越えたところにある。

江戸時代から、花川戸から馬道にかけては「浅草の玄関」だった。馬道は浅草寺の馬場に通う道として生まれ、後に吉原へ馬で向かうための道となる。そのため、今でも天ぷら屋の「お多福」と胡麻油だけを使ってきつね色に揚げる「大黒家《だいこくや》」という木造の老舗が残っている。それに、2015年頃までは、大正末期に開業した「大木洋食店」(閉店)というかの立川談志師匠も通った名物店もあった。

もつ焼き「うまいち」は僕にとっては最高の「ひとり飲み」店で、2012年に大将が亡くなり暖簾をたたんでしまったが、国内外で活躍する音楽ユニットEGO《エゴ》-WRAPPIN'《ラッピン》のギターリスト・森雅樹さんも常連だった(こちらの名店を覚えている方はいらっしゃいますか?)。

「林檎や」は[女将]「名物女将と話ができる店」、[大将]「寡黙で腕のいい大将がいる店」の両方の条件を満たす店の代表だ。カウンター4席とテーブル12席。店は大正浪漫を意識していて、居酒屋というよりも洋食屋のようなお洒落な造り。女将は僕が勤める浅草高校の前身、台東商業高校の出身(何かの縁を感じます)。元向島芸者で、そのときの源氏名が、りんごさん。東京・丸の内「パレスホテル東京」でフレンチの修業をしたが、一転して15年ほど芸者を張り、知人の料亭を手伝った後、2016年にこの居酒屋を開いた。向島はいま関東最大の花街で、芸者は90人在籍する。一方、浅草芸者は、2019年2月に最高齢のゆう子姐さんが96歳で亡くなり、25人に減ってしまった(ちなみに花川戸の串揚げ屋「光家《みつや》」の女将も元浅草芸者です)。

マスターの中谷大輔さんは、赤坂のサントリーバー「モダンタイムス」

や浅草「オレンジルーム」、東向島「Bee」などで経験を積んだバーマン。(寡黙ではないが)料理の腕もいい。〝ホッケの一夜干し〟に〝チャプチェ〟。〝アヒージョ〟に〝オムライス〟。〝海老マカロニグラタン〟に〝ナンピザ〟。〝豆腐とツナのチヂミ〟、〝焼きおにぎり〟。と、大輔さんは和・洋・中・エスニックと何でもござれだが、ランチのカレーも評判がいい。りんごさんが働いていた「パレスホテル東京」をリスペクトした味だとか。3種類あっていずれも1000円。とくに〝特製カレー ひと口カツ添え〟は昼限定の人気メニューである。

芸者さんの気配りと接客。バーマンの大輔さんの気の利いた酒と肴。思えば、この二人の取り合わせは最強ではないだろうか。客の年齢層は高め。老舗さつまいも菓子店や人形焼店の女将さんをはじめ、「浅草の顔」ともいえる人々や地元のお年寄りたちの社交場ともなっている。とにかく、浅草の芸者衆や相撲の親方と客層も幅広いのだ。

客を惹きつける「林檎や」の魅力は、絶妙な距離感にあると思う。女将とマスター、店と客、客同士。慣れ合うことなく、それでいて家庭的。ぜひ一度この雰囲気を味わっていただきたい。

右ページ／ひとり飲みの一杯目は、生ビール700円から。**上**／蓋を取ると湯気が立ち上る、蒸したての手作りシュウマイ600円。むっちり、ジューシーな食感で、あ〜、シアワセ。**下**／ヤムウンセン700円はタイの春雨サラダ。酸味の効いたさっぱりした味わいで、トマト、セロリ、海老、挽き肉など具だくさん。

本日のお会計	
エビス樽生 中	700円
ヤムウンセン	700円
ラフロイグのハイボール	1000円
ねぎチャーシュー	600円
手作りシュウマイ	600円
あんかけ焼きそば	1200円
計	4800円也
こちら、2〜3人でも十分なボリュームです。	

店名	**吉原もん**
ジャンル	蕎麦
住所	東京都台東区千束4-36-1
電話番号	03-5808-9336
ポイント	大将 酒 肴 力
コメント	2014年開業。吉原大門・見返り柳前にある立石「玄庵」出身の人気蕎麦居酒屋。酒肴も手打ち蕎麦もお手頃。

「吉原もん」は、そんな〝深夜蕎麦屋〟の代表格だ。

挽きたて、打ちたて、ゆでたての〝三たて〟を体現する、せいろ600円。真夜中のきりりと締まった蕎麦は格別のおいしさ。本日の蕎麦は、茨城県猿島郡境町産の常陸秋そば。

今回は「蕎麦屋酒」のお話。杉浦日向子氏は名著『ソバ屋で憩う』（新潮文庫）の中で蕎麦屋にはほかの飲食店や居酒屋にはない「おとなの憩い」があると書いておられる。たしかに蕎麦屋の空気に溶け込んで過ごす時間は格別だ。自分のお金で、一人で、浅草・雷門「並木藪蕎麦」や神田須田町「神田まつや」などの老舗に行き、焼き海苔や天抜き（天ぷら蕎麦から蕎麦を抜いたもののことをそういいます）で一杯の飲《や》り、せいろを二枚注文し、池波正太郎を気取って最後に残った蕎麦にお猪口の日本酒をかけて手繰る……。初めてそんな体験をしたとき、「俺も大人になったなぁ」と実感したものだ（最近は「富士そば」にも天抜きがあって、ちょっとビックリ）。

池波正太郎氏は、弟子の佐藤隆介氏によると「酒を飲まないくらいなら蕎麦屋へなんぞは入るな」「蕎麦前なくして蕎麦屋なし」という有名な蕎麦屋の格言（？）を残している。江戸時代から蕎麦と酒とは切っても切れぬ仲。『広辞苑』には載っていないが、江戸っ子は蕎麦がゆで上がるまで酒でつないだので、酒の別名を「蕎麦前」と言った。それが最近では気の利いた肴が揃った店が増え、「蕎麦の前にちょっとした酒

肴で酒を楽しむ」という風に意味が広がってきている。だから「蕎麦前=つまみ」という意味で使うのは、本来は間違いだ。

　蕎麦っ喰いにとっては、町場の蕎麦屋は閉店が早いため、蕎麦で〆たいと思ってもラーメンで我慢する（そして太る）という不遇の時代が長かった。しかし近年、〆どころか深夜まで手打ち蕎麦が味わえるありがたい救世主が出現してきている。

「吉原もん」は、そんな「深夜蕎麦屋」の代表格だ。オーナーの関真光さんが蕎麦を打つ。カウンター7席を含む、全30席。

　関さんは立石「玄庵」が主宰する「江戸東京そばの会」出身。「向島七福すずめの御宿」の立ち上げに携わり人気店に育てた後、実家のある地に戻り「吉原もん」を開店した。なにより江戸からの蕎麦文化を連想させる店名がすばらしい。場所は、吉原大門跡のそばの「見返り柳」の真ん前。ご両親は喫茶店をなさっていたそうだ。

　近年は千束・日本堤の辺りも「浅草」エリアで、清川・橋場・今戸などとともに「奥浅草」として注目されてきている。場所柄、仕事を終えた飲食店のプロたちからも評判がいい。遅い時間は満席で入れないこともあるほどだ。

　同門の「浅草じゅうろく」はおまかせコース中心の高級店へと変貌を遂げたが、「吉原もん」は大衆の味方。かつて「玄庵」の貝塚師匠が「東京1、2というおいしいせいろ蕎麦を打ちます」とお墨付きを与えた「本物の蕎麦」が何と600円！

　関さんは石臼挽き自家製粉にこだわる。蕎麦粉の劣化を防ぐためだけではなく、挽きたての粉は扱いやすく「自分のやりたい蕎麦がつくれる」からだ。肴の充実度も安さも、そこいらの居酒屋が裸足で逃げ出すレベル。全体的に盛りがよく、〝蕎麦屋の肉どうふ〟などは2人前の分量。知り

合いからの釣りものが入れば刺身もいいものを提供するし、名物〝とり天〟をはじめとする季節野菜の天ぷらが楽しい。地酒も常時6〜7種類が揃っていて、ラインナップは入れ替わる。

あなたは浅草っ子のソウルフード「ひやにくだい」をご存知だろうか。超極太麺と圧倒的な量から〝蕎麦界の二郎〟とも呼ばれる「角萬《かどまん》」の〝冷やし肉南蛮大盛〟のことだ（聖地 竜泉店が2018年11月に廃業し、その職人が暖簾分けを許されて、2018年末に浅草店を開店した）。何と「吉原もん」には角萬リスペクトのその〝冷肉《ひやにく》〟があるのだ！ もちろん麺は太打ち、量も通常の倍。本家より少し上品だが、「カドマニスト」（角萬中毒者）も納得の味だ。こんな店が近所にあったら毎日通ってしまうだろう。

右／クリームチーズそばつゆ漬け480円と冷酒700円で一献。**上右**／開店時に「地元の仲間たちが贈ってくれた」という立派な講札。**左上**／とりの天ぷらは、ハーフ480円。一人前は倍の量で880円。柚子胡椒、塩、そして自家製塩ポン酢とともに。**左下**／カウンター席の前の黒板には、食指が動くつまみがわんさか。

本日のお会計	
クリームチーズそばつゆ漬け	480円
本日の刺身盛り合わせ	1460円
とりの天ぷら（ハーフ）	480円
せいろ	600円
日本酒 山形県 “蘇る 純米吟醸”	700円
日本酒 島根県 “加茂福 純米”	700円
計	4420円也
今晩もひとり飲みにしてはついつい頼みすぎてしまいました。	

店名	スナックひまわり
ジャンル	スナック
住所	東京都台東区浅草4-11-1
電話番号	03-3875-2291
ポイント	女将
コメント	1989年開業。一青窈も来た実力店。テレビ番組『和風総本家』登場。春は店内が本物の桜の花で埋まる。

夜の店なのに「ひまわり」という名はなかったから選んだ。節子ママのおおらかで明るい性格にぴったりの名前だ。

ママの柴田節子さん。チャーミング&おおらかな接客でファン多し。「この看板のひまわりってば、私がモデルなんだって！」。

今回は、変化球で攻めよう。一軒目からストレートにスナックを目指すことは少ない。いわば「大きく曲がるカーブ」。はしご酒の途中や二次会でついつい吸い込まれてしまう迷宮。

スナックは呑んべえの世界でも黒帯クラスだ。「怖い」「怪しい」と敬遠して行ったことがない人も多いだろう。しかしそれは食わず嫌いというもの。浅草キッドの玉袋筋太郎さんは、スナック文化の普及を目指す「全日本スナック連盟」の会長であり、そのためのイベント「スナック玉ちゃん」を催している。さらに自らスナックのマスターとなって経営もしている。「スナック十段」の玉ちゃんは「スナックは癒しのオアシスであり、人生の学び舎です」と断言する。そう、スナックはそれぞれのママの「お城」であり、さまざまな人生に触れる場所でもある。

首都大学東京教授・谷口功一氏らの「スナック研究会」によると、全国のスナックは約10万軒。居酒屋（約8万軒）、コンビニ（約6万軒）を大きく上回るという。前の東京オリンピック（1964年）前後、風

俗営業法によって店側による接待行為は午前0時までと制限されるようになった。そのため、軽食と酒を扱う店、つまり接待行為を伴わない「スナックバー」が深夜飲食営業店として急激に増えた。カウンター越しの接客が原則なので、テーブル席でもホステスは客の隣には座らない。セット料金でクラブやキャバクラより安く、家庭的でカラオケがある。スナックは世界でも稀な日本独特の営業形態なのだ。

　ひとり飲みでは「渋く落ち着いた雰囲気」だけではなく、時には「さんざめき（心地よいざわめき）」の中に身を置く心地よさを味わいたい。また、カラオケでストレスを発散したいことも……。

　そんなとき、僕の足は「スナックひまわり」へと向かう。全日本スナック連盟公認の良心的な店で、地元でも評判が良い。いまどき珍しい大箱で優に30人以上は入るが、カウンターはない。

　柴田節子ママは福島県相馬市の出身。16歳で上京し、カバン屋で住み込みで働いた。結婚後、主婦業と子育てをしながらスナックで働いてきた苦労人。独立してこの店を開いたのが1989年。店名は、花の名のスナックは多いが当時、夜の店なのに「ひまわり」という名はなかったから選んだ。節子ママのおおらかで明るい性格にぴったりの名前だ。ほぼ年中無休。予約が入れば昼カラオケもOKという「鉄人ママ」な

のだ。手づくりのお通しもお袋の味である。

　着物姿も艶やかな恵子さんは、この店で働き始めて10年以上でママとは名コンビ。歌の上手さはプロ級で、デュエットしてもらうと自分まで上手くなった気分になってしまう。客もカラオケ上級者が多く、英語の歌が得意な議員先生、ハモるのが上手な警察署長、和服で踊る他店のマスター……と個性的（ちなみに僕の十八番は上田正樹です）。なんと、テレビ番組『和風総本家』（テレビ東京）に登場したり、一青窈も歌いに来たりという実力店なのだ。

　毎年春先には「桜祭り」と称して店中が桜の大きな生花で埋め尽くされ、店内で花見ができるというゴージャスさ。あなたもこんな「人生酒場」で人生に花を添えてみてはどうだろう。

右ページ／この日遊びに来ていた、浅草で店を営むマスター（踊りが得意！）とそのお友達。ベルベット地のソファ席。壁には浅草寺の宝蔵門〈仁王門〉を描いた油絵（萬田智子さん作）。ほうれん草の胡麻和えやきんぴらごぼうなど小鉢が次々に。季節の果物が添えられる。**上**／着物姿の恵子さんと「泣きながら夢を見て」をデュエット。28年前より毎年、春には本物の桜の木が飾られる。

本日のお会計	
瓶ビール（アサヒ スーパードライ）	
ママの手料理いろいろ （ほうれん草の胡麻和え、きんぴらごぼう、高野豆腐の煮物、クラゲときゅうりと油揚げの酢の物、白菜漬け）	
苺	
キープボトルの“眞露”のウーロンハイ	
計	5000円也

店名	OGURA is Bar
ジャンル	オーセンティックバー
住所	東京都台東区浅草１-43-７ TIビル７階
電話番号	03-3845-6776
ポイント	大将 酒 力 話
コメント	1998年開業。オーセンティックな雰囲気で、ウイスキーの品揃えがすばらしい大人のバー。

右ページ上／マスターの小倉光清さん。**右ページ下**／ウォッカ、オレンジの果皮から造られるコアントロー、ブルーキュラソー、レモンジュースを合わせたブルーバラライカ。清涼感あふれるカクテル。**上**／バーはビルの7階。眼下には雨の国際通りを行くテールランプが。

さあ、臆することなく、大人の階段に足をかけてみよう。

♪夜の入口はさみしくて　眠りにつくまでさみしくて　人の気配のする暗がりに　身を寄せたくなります
――中島みゆき「SINGLES BAR」より

なんて曲が心に浮かぶ夜。向かうのはバーだ。

バーは、一人静かにグラスを傾ける大人の酒場。そして、酒と人生をしみじみ味わうための場所。だから、いちゃいちゃしたいリア充（現実生活、とくに恋愛関係が充実している人）は寄りつくなかれ。ナンパ目的の若造は立ち入り禁止。耳学問の知ったかぶりや、知識ゼロのビギナーは……と、こちらは大丈夫。マナーを守り、きちんと飲める人になら、バーの扉はいつでも開かれている。さあ、臆することなく、大人の階段に足をかけてみよう。

今まで200軒のバーに行っている。なかでも1993年に山口瞳氏が上梓した『行きつけの店』（阪急コミュニケーションズ）を読んで、

背伸びして訪ねた伝説のバーテンダー・古川緑郎氏の銀座「クール」（2003年に88歳で閉店）。現代を代表する渡辺昭男氏による名店・湯島「EST!」。「沼津の至宝」とも呼ばれる店の空気感に圧倒された沼津「ビクトリー」。カルト的な品揃えの恵比寿「オーディン」。そして一番落ち着ける場所・浅草「OGURA is Bar」が僕の「バー・ベスト5」だ。

「OGURA is Bar」のマスター・小倉光清氏は浅草生まれ、吉原育ち。祖父は遊郭を経営していたという。浅草最古のバーでギネスブック級の蔵酒量を誇る「ねも」で25年以上勤め、1998年にこの店を開店。国内最大のバーテンダーの集まりであるNBA（日本バーテンダー協会）の浅草支部長、常任相談役を歴任する重鎮だ。

「OGURA」はオーセンティックバー（正統派のバー）だ。オーセンティックバーでは、バーテンダーは白シャツに蝶ネクタイ、バーコートやウエストコート（ベスト）というようなフォーマルな制服を着るのが原則。NBAはその設立の目的に「バーテンダーの技術の練磨と人格の陶冶」と謳っている。バーテンダーにはテクニックだけではなく、人間性も要求されるのだ。ジェントルで博識な「OGURA」のマスターを見ていると、僕はついつい古谷三敏氏の漫画『BARレモン・ハート』（双葉社）のマスターを思い出してしまう。では、さしずめ僕は「松ちゃん」か？　いやいや、男なら「メガネさん」を目指したいものだ。

「OGURA is Bar」。直訳すれば「オグラはバーである」。マスターは語呂の良さを狙っただけとおっしゃるが、僕はこの店名にマスターの「バーの中のバーを目指す」という志の高さを感じてしまう。

　マスターは「仲間と楽しくやりたいときにはショットバー、自分の世界で飲みたい・孤独になりたいときにはオーセンティックバー」だと言う。だから、隣の知らないお客に話しかけることは禁止！　バーはマスターとの会話を楽しむ場所、そして「究極のひとり飲みの酒場」なのだ。

「OGURA」では、とりあえずビール……ではなく、〝スカイボール〟を頼みたい。「ねも」譲りのウォッカベースのカクテルだ。この店ではビールを注文する人はほとんどいない。

　その後、僕は〝ブルーバラライカ〟というブルーキュラソーを使った美しいカクテルをいただく。

　そして、何といっても真打ちはウイスキー。作家の村上春樹氏は、アイラ島などウイスキーの故郷を訪ねて、『もし僕らのことばがウィスキーであったなら』（新潮文庫）という紀行文を書くほどのウイスキー愛好家である。その中にこんな一文がある。

　――もし僕らのことばがウイスキーであったなら（略）。僕は黙ってグラスを差し出し、あなたはそれを受け取って静かに喉に送り込む、それだけですんだはずだ。とてもシンプルで、とても親密で、とても正確だ。――ウイスキーと向き合う感覚を言い得て妙だ。

「OGURA」はシングルモルトの品揃えがすばらしい。しかも、年代物の3杯がセットになって1万円というお得なコースがある。これは1杯ずつ注文すると高くなってしまう希少なウイスキーを3ショットのセットにして客が皆でシェアすることによってリーズナブルに飲める、という大変ありがたいシステムなのだ。今日は、事前に飲む権利を買っておいた〝アイラ・コース〟を楽しくいただいた。

マスターにはお茶目な一面があることを書き加えておこう。「女に言う（メニュー）」には、〝当然事〟〝骨折〟〝野球音領〟など江戸っ子の「判じ絵」のようなナゾナゾが。さあ何と読むでしょう？

答えがわからない方は、ぜひ来店してマスターからお聞きください（ヒントは、どれもよく目にする「おつまみ」ですよ。答えはこのページの下に発表！）。

本日のお会計	
チャージ	1100円
スカイボール	1100円
ブルーバラライカ	1430円
アイラ・コース （一度の来店で飲み切らずとも、二度三度の来店に分けて飲むことも可能）	1万1000円
計	1万4630円也

右ページ上／アイラ・コース1万円の3種。左より、終売品の〝アードベック スパーノバ〟、ボトラーズの〝カリラ25y〟は限定375本販売のうちの1本、シェリー樽で仕上げた〝ポートエレン25y〟。**下**／スカイボール1100円は、専用の銅製のマグカップで供される。ウォッカベースの爽快なカクテルで喉を潤そう。

答え
「当然事」→ あたりめ
「骨折」→ ポッキー
「野球音領」→ やきうどん

彼の
アイデアとアレンジ、
思想と個性、そして、
心意気と自信とが
詰まっているのだ。

店名	**コントワールクアン**
ジャンル	ワインバー
住所	東京都台東区台東区蔵前4-8-9 島宅1階
電話番号	なし （予約はメールcomptoir.coin@gmail.com、Instagram「comptoir.coin」、facebook「comptoir coin」で受け付け）
ポイント	大将 酒 力 肴
コメント	2015年開業。自然派ワインバー。パスタ、ピザ、メイン料理が1000円前後から。コロナ対策のため、現在、ワインはボトル5500円～のみ。状況により、グラスワイン再開の予定あり。

僕だって、おやじ酒場ばかりではなく、たまにはビストロやワインバーにも行くのだ。このジャンルで一番お世話になっているのは「ペタンク」なのだが、『ミシュランガイド東京２０１９』の「ビブグルマン」に選出されたり、レシピ本『小さなビストロ「ペタンク」ワインが旨い絶品つまみ』（世界文化社）を出したり、いろんな雑誌で紹介されたりということで今回の取材は遠慮させていただいた。山田シェフごめんなさい。

「コントワールクアン」という店名は、フランス語で「Ｃｏｍｐｔｏｉｒ」はカウンター、「Ｃｏｉｎ」はコーナー（角）という意味。店名はフランス語だが、ジャンルレスの洋食と自然派ワインが楽しめるカウンターバル。路地裏の角の小さな店は「ひとり飲み」にぴったりのロケーションだ。しかも住所は「～島宅1階」。民家の1階を自らリノベーションした文字通りの「隠れ家」なのだ。店は蔵前にあるのだが、近年この辺りにはオシャレな店が増え、浅草から蔵前にかけての一帯が「アサクラ」と呼ばれ注目されていることもあり、取り上げた。

マスターの丸井裕介さんはイケメンだ。しかし、料理のクオリティーをルックスでカバーしている店とは一線を画する。魅力的な料理を提供するのだ。

　マスターは優男《やさおとこ》ではない。料理への関心を持つまでは実は建築関係の仕事に携わっていた。東日本大震災を機に「生きる基本としての食・食の安全性」に興味を持ち、料理の道に。イタリアンをはじめ、ビストロ、バーなどさまざまなジャンルで寸暇を惜しんで働いて技術と食の知識・哲学を学び、餃子屋の工場の立ち上げを任されたことで経営のノウハウも身につける。

　そして、２０１５年にこの店を開店した。店は6坪。厨房を囲むＬ字カウンターに7席、壁側3席のカウンターは手造りだ。アートには昔

右／手切りの牛肉と挽き肉、背脂少々を合わせたハンバーグ2090円。肉を噛みしめている実感がわき上がる。黄身がソースのよう。**左上**／店主の丸井裕介さん。店名どおり「コントワール」＝カウンター、「クアン」＝角で腕を振るう。**左下**／ピッツァ マルゲリータ1210円。

から興味があり、作家ものを揃えた店の装飾や食器類にはセンスが光る。特に厨房には工夫を凝らし、狭いスペースに2口（しかない）のガス台。それをカバーするスチームコンベクションオーブン、真空低温調理器、下ごしらえに活躍する真空包装機、食器洗浄機、省エネで修理もしやすい家庭用冷蔵庫などを機能的に配備。客の目の前で魔法のように次々と料理が出来上がる。

メニュー数は、前菜、ピザとパスタ、メイン、デザートでなんと常時30～40種類。これをたった一人で！　この驚きも「コントワールクアン」の大きな魅力につながっている。しかも値段は1000円台が中心だ。

料理は「自然派ワインに合うもの」を考えている。自然派といわれるワインとはオーガニック農法や自然な生産方法で造られたワインで、健康的で飲みやすい。流通量は少ないが、ラベルなども自由で楽しいものが多く、価格が手頃なのもありがたい。「コントワールクアン」では、グラス1杯を一律1100円で提供している。

〝前菜盛り合わせ〟には手間をかけた7種類ほどの料理が並び、この一皿だけでも彼の実力がわかる。〝クアン製 牛100%ハンバーグ〟は手切りの肉々しさがたまらない。

彼は「本格的」と褒められることを好まない。「～風でいいじゃないですか。～風が大事なんです」と悪戯っぽく笑う。それを象徴する料理がピッツァだ。生地の粉の配合や焼き方を工夫し（オーブンで焼いた後にこんろの網で焼き上げ、バーナーで焦げ目をつける）、窯はなくとも「ナポリピッツァ風」のモチッとしたおいしいピッツァに仕上げる。「～風」には彼のアイデアとアレンジ、思想と個性、そして、心意気と自信とが詰まっているのだ。こう見てくると「コントワールクアン」の料理は、イタリアンとかフレンチということではなく、実はジャンルを超えた「クアン風」の料理なのだ。

路地裏の角にある小さな別世界。独創的で工夫に満ちた「オンリーワン」の料理と、「オンリーワン」の店づくりがそこにある。しなやかで魅力的な丸井ワールドに、あなたもきっとハマりますよ。

左ページ上／前菜盛り合わせ1430円。この日は季節の野菜のグリルにマリネ、揚げ物、玉ねぎのタルトなど。ワインが進む！　**左ページ下**／コクのある濃厚なソースがしっかりからむ、ゴルゴンゾーラのニョッキ2035円。

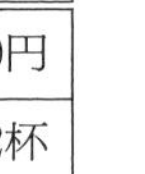

本日のお会計	
前菜盛り合わせ	1430円
グラスワイン	1100円を2杯
クアン製 牛100%ハンバーグ	2090円
計	5720円也

柑橘サワーに使用する
伊予柑、でこぽん、
清見などは
女将の実家の山で
とれたものを使用。
季節によって品種が替わる。

店名	**愛媛料理 笑ひめ**
ジャンル	居酒屋
住所	東京都台東区浅草4-8-2
電話番号	03-3871-3482
ポイント	婀 力 酒 肴 話
コメント	2010年開業。愛媛料理の居酒屋。着物に割烹着姿の女将が人気。柑橘系の酒が充実。

右／カウンター越しにコミュニケーションがとれる距離感がいい。**中**／この日の柑橘サワーは、清見、伊予柑、ブラッドオレンジなどざっと7種。女将の実家で育てられた柑橘も使われる。**左上**／「とりあえず」ときたら、じゃこてん380円だ。**左下**／汁が飲み干せるほど穏やかな味つけのいもたき580円。

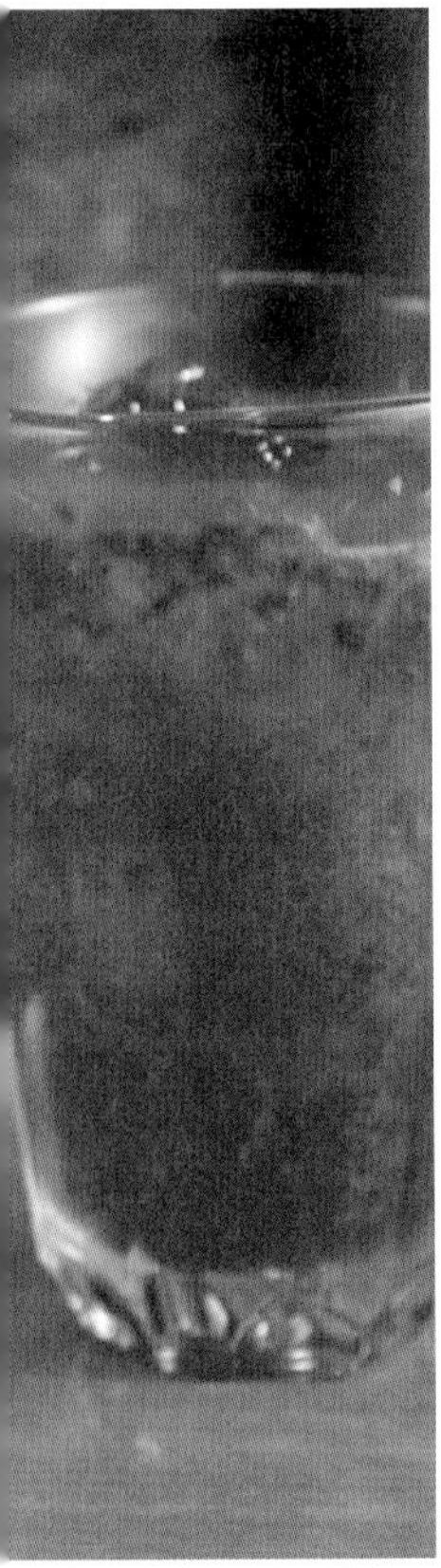

昔から上野・浅草には郷土料理店が多い。上野は集団就職（われわれ定時制高校も彼らの受け入れ先だった）など東北からの玄関口だったこともあり、みちのく（津軽）料理「北畔」、奥様公認酒蔵「岩手屋」「あおもり湯島」（現在は池袋へ移転）など東北の店が多かった。浅草にも新政酒造直営の秋田料理「あらまさ」があったが、残念ながら2016年に閉店した（せっかく日本酒〝No.6〟〝Colors〟などのニューウェーブが大人気になっているのに）。

浅草で目立つのは、「駒形どぜう」「どぜう飯田屋」、葱鮪《ねぎま》鍋の「浅草一文」などの江戸東京の「郷土」料理店だ。WEBサイト「郷土料理ものがたり」（ナノ・アソシエイツ）では、蕎麦、江戸前鮨、天丼、おでん、もんじゃ焼き、焼鳥までも東京の郷土料理として載せられており、浅草にはこれらの店も多い。江戸からの庶民的な文化を最も色濃く残している町だからだろう。

観音裏の人気店「愛媛料理 笑《え》ひめ」は、文字通り愛媛料理の居酒屋。女将は愛媛出身の「笑顔の素敵なお姫さま」遠藤美香里さん。着物の上に割烹着というスタイルもかわいい、人気の美人女将だ。女将は演劇の専門学校に入るために上京。劇団の養成所を経て、演劇を続けながら浅草「むぎとろ」でも働いていた。そのとき、毎月1回のペースで大酒を飲みながらの句会を開いていたのが、テレビ番組『吉田類の酒場放浪記』（BS-TBS）でもおなじみの吉田類さん。女将は類さんの担当だった。その後、2009年に独立し、自身の店を開いたのである。

演劇時代の芸名も「むぎとろ」での呼び名も「みかん」だったので、店でも「みかんちゃん」と呼ばれたり、本名から「みかりん」と呼ばれたりしている(僕は、親しくなった店でもニックネームやファーストネームでは呼ばず、女将とかママとか呼ぶタイプ。常連気取りをするのが苦

手だし、馴れ合いの関係にもなりたくないというのもあります）。
女将は、自らの経験から若い人たちを応援したいという思いで、店で働く女性たちも歌手の卵や役者の卵。妙齢な美女たちの店とくれば……おじさんファンが多いはずである。

「おてい」「わらや」「味昌」……。この辺りは表通りと裏道に酒場長屋が続いていたのだが、時代とともにほとんどは閉店し、民家になったりしている。「笑ひめ」はその長屋の一角にあり、カウンター7席に小上がり8席。2階の座敷では宴会もできる。角度の広いL字のカウンターは客同士も顔が見渡せ、居心地のいいアットホームな空間となっている。この店は、女将やお客さんとの会話を楽しむ店、地元の情報交換ができる「ひとり飲みの店」にもってこいの店だ。

「ザ・居酒屋」というこしらえから、ドラマなどのロケ地としてもよく利用され、テレビドラマ『リバースエッジ大川端探偵社』（テレビ東京）では「笑ひめ」の女将役として本人が出演し、何とオダギリジョーさんと共演！　吉田類さんの映画『今宵、ほろ酔い酒場で』では類さん自身が出演している。そして、急逝された大杉漣さんは亡くなる数日前に、テレビドラマの撮影で居酒屋の親父役でこの店の板場に立っている（『BACK STREET GIRLS ゴクドルズ』TBS）。

メニューには、〝名物じゃこてん〟〝じゃこかつ〟〝いもたき〟〝鯛めし〟〝今治風焼き鳥〟〝センザンキ〟（鶏の唐揚げのことで、中国語の軟炸鶏《エンザーチ》が語源だという。北海道のザンギも炸鶏が語源だ）などの愛媛料理が並ぶ。なかでも、〝いもたき〟は里芋、鶏肉、にんじん、椎茸、こんにゃくなどを炊いた上品な甘さの料理で、甘辛い山形の「芋煮」とはまたひと味違う。

酒も愛媛の日本酒・焼酎のほか、愛媛名産の柑橘類を使ったサワーが

何種類もあるのがうれしい。たとえば日本酒の「梅錦」。1970年代後半からの「第一次地酒ブーム」の頃によく飲んだ酒。それまでは大手メーカーの酒以外はなかなか飲めなかったので、こんなに香りのいい日本酒があったのかと驚いたものだ。柑橘サワーに使用する伊予柑、でこぽん、清見などは女将の実家の山でとれたものを使用。季節によって品種が替わる。

いつも笑い声が絶えない温かい空気感に包まれたこの店で、女将の笑顔と愛情のこもった料理に癒されに「来とーおみや」（伊予弁・来てみませんか）。つっても、「みかりん」に惚れちゃいけねーぜ。何たって隣の「洋風酒場 遊屋《ゆうや》」で旦那が働いてるってんだからよ（江戸弁？）。

右上／まずはビール550円で、「今日もお疲れさま！」**右下**／今治風やきとり680円は串に刺さず、キャベツを添えて。**中**／女将の遠藤美香里さん。仕事着は、着物に割烹着だ。**左**／品書きに並ぶ時季の柑橘は、サワーor水割りで楽しめる。カウンターのほか、小上がりもあり。

本日のお会計

生ビール（アサヒスーパードライ）	550円
じゃこてん	380円
いもたき	580円
生 伊予柑サワー	580円
今治風やきとり	680円
生 清見サワー	630円
計	3400円也

店名	**正直ビヤホール**
ジャンル	ビール専門店
住所	東京都台東区浅草2-22-9
電話番号	03-3841-7947
ポイント	女将 力 酒 話
コメント	1950年開業。レトロなサーバーと日本一のビール。料理はなく、ママとの会話が肴。

ビールサーバーの
レトロな真鍮製
ドラフトタワーが有名だ。
そして、薄張りグラスを
水洗いしてから
少量のビールでも洗う。

上／真鍮製ビールサーバーのスタンドコックを引いて、ビールを注ぐ。**左ページ上**／薄張りグラスでさらにビールがおいしくなる。**左ページ下**／不思議と何杯でも飲めてしまう魔法のビール。

ビールが好きだ!!　僕のお腹はビールでできている。『飲んだビールが5万本!』（本の雑誌社）の著者でビール界の巨星である我が憧れの師匠、椎名誠氏は、さまざまなシチュエーションでのビールとの出会いについて書いている。たとえば『酔うために地球はぐるぐるまわってる』（講談社）では、こう綴っている。

「ビールがいつも旅人を助けてくれた」

その通り!　ビールほど身近で頼りになるヤツはいない。うれしいときも悲しいときも苦しいときも、ビールはいつも僕とともにいてくれた。ひと汗かいた後の一杯はもちろん、ラーメン屋での一杯、揚げ物とともに一杯、列車に乗って駅弁で一杯……。こんなときは、ビールじゃなきゃダメだ。

僕は「最後の晩餐」は餃子とビールに決めている。しかし、ビールは決して八方美人ではない。ビールほど状況によって味が変わる酒もほかにはないからだ。体調、気分、場所、相手。さまざまな要素でビールの味は一変する。プロ野球の優勝時のビールかけの本数は3000~6000本。ほかの酒ではあの歓喜につながらない（シャンパンファイトとは本数が違う!）。条件が整ったときに飲むビールは全飲食物中で最強だ。しかし、落ち込んでいるとき（心身どちらでも）に飲むビールは苦くて不味い。ビールは、体や心の健康度を教えてくれるバロメーターでもあるのだ。

ビアホール、ビアバーなどビール中心の店には今まで113軒行っているが、その中のベスト5は……。まずロケーションと建築美のすばらしい2店、北海道は札幌の「サッポロビール園」と「吾妻橋アサヒビヤホール」（1988年閉館）。ともに工場直結のビールが名物。クラフトビールの品揃えという点では、英国のビール評論家であるマイケル・ジャクソン氏が「ビアバー世界5位」に認定した、タップ数100を誇る両国の「麦酒倶楽部 ポパイ」。そして、2大ビール注ぎ名人の店として東京の2店。八重洲の「灘コロンビア」（1993年に店主の新井徳司名人が逝去。閉店）と浅草の「正直ビヤホール」。鈴木澄子さんの店だ。

ビールは注ぎ方によっても味が大きく変わる。近年、チェーン店などにあるジョッキを置くと「ギュイ～ン」と傾いて勝手にビールを注ぐ自動サーバーなんて、味気ないったらありゃしない。「正直ビヤホール」は、ビールサーバーのレトロな真鍮製ドラフトタワー（スタンドコック）が有名だ（ネット情報にあるような木製ではないし、今は氷冷でもありません）。そして、薄張りグラスを水洗いしてから少量のビールでも洗う。これは、まずグラスのにおいを消し、次に水臭さも消すためだ（ママは他店ではジョッキが冷蔵庫臭いので瓶ビールしか飲まないほど敏感である）。この細やかな心遣いと適度に炭酸を抜く注ぎ方、そして薄張りグラスの心地よい感触とが相まって、日本一旨いビールが降臨する。スーッと喉を通過する、その爽やかさ、軽やかさ。何杯でも飲めてしまう魔法のビール。正に名人芸だ。

「正直ビヤホール」のルーツは吉原の遊郭「正直楼」。その後「なか（吉原内）」で、旅館と射的場のほかにビアホールを営み（2016年閉店）、その分店として1950年に開店したのが今の店である。レトロな店構えがたまらない。当時は生ビールが飲める店は珍しく、正面には蛍光灯の大きな電飾が輝いていた。その後、現在のママのご主人が遠い親戚であることから引き継ぎ、ご主人が亡くなった後を三代目としてママが守っている。

ママは浅草の生まれ。1998年に店を継いだ際に、それまでのキリンビールから自分が好きなサッポロビールに替えた（店にはいまだにキリンの看板があるのだが）。そのときに外された70年物のキリン仕様のタワーは、今でも自宅にあるという（お宝だ！）。このレトロな店に割烹着姿のママが立つと、往年の銀座の高級カフェーを彷彿とさせる。そして、主演女優を囲むようにカウンターが8席。今夜もママのワンマ

ンショーが幕を開ける。

ママは、言葉は丁寧だが、話の内容は「正直」で辛辣！（ここに書けないような話も）。しかし、ママと過ごす時間は楽しい。そして、ママの毒舌を肴に旨いビールをしこたま飲む。今もこれだけチャーミングで美人なのだから、若い頃はどれほどだったことか。まさに「浅草のアイドル」である。

「正直ビヤホール」はチャージはタダ。おでん鍋はあるのだが今は料理がなく、出てくる乾き物もタダ。一杯700円のビールのみで商売している。だから、一杯しか飲まないお客はお断り。店内には次のような厳しいオキテ（？）が掲げられている。

「1杯はダメよ！　2杯はお別れ　3杯は身を切る　4杯は死に損ない　5杯はごきげんよう　6杯目からは さぁガンガン呑もう!!」

客は、ママに一杯薦めるのも第2のオキテ。以前は一晩20杯ぐらい飲んでいたそうだ。食べ物を持ち込んでもいいが、ママやほかのお客さんにも振る舞うのが第3のオキテだ。

「正直ビヤホール」は昔気質の店なので、店が客を選ぶ。「不正直」な客（酔っ払いやマナーの悪い客）は追い出されることもある。僕も最初に伺ったときには酔っ払っていて入れてもらえなかった。しかし、女神に「正直さ」が認められ、ひとたび入店が許されれば、そこには比類ない桃源郷が広がる。あなたも今宵、最高のビールと魅惑的なママに酔いしれてみませんか？

右ページ上／料理はありません。サービスで供されるチーズや都こんぶをお供に。**右ページ下**／ママとのおしゃべりを肴に、今夜も杯が進む。**上**／入り口は、今ではほどんど見かけないガラス張りの扉。右から2番目の扉の取っ手を引いて入りましょう。

本日のお会計	
生ビール（サッポロ）	700円×6杯
計	4200円也

上／刺身盛り合わせ（S）900円。この日は鰯、白イカ、ホウボウ、小肌、鰹、イサキ。わさび、生姜、からし、塩を添えて。諏訪泉 純米20BY正一合850円の燗酒とともに。
左／店主の谷口賢一さんの控えめでいて、気配りの行き届いた接客も居心地のよさの理由の一つ。

店名	**酒さかな ずぶ六**
ジャンル	居酒屋
住所	東京都台東区浅草3-34-3
電話番号	03-5603-1250
ポイント	大将 力 酒 肴 雰
コメント	2017年開業。開店翌年に『ミシュランガイド東京2019』でビブグルマンを獲得。懐にやさしい。

ワンオペで
これだけの料理を、
この値段で
提供する奇跡！
後光が差して見えるのは
僕だけだろうか。

「ずぶ六」は、理想的な「ひとり飲み」の店だ。「寡黙な店主」「カウンター中心」「いい日本酒が揃う」「肴が充実」「渋く落ち着いた雰囲気」と、僕が考える「ひとり飲み」の条件をほとんど満たしている。観音裏では知らぬ者はない日本酒酒場の名店「ぬる燗」と双璧をなす、といっても過言ではないだろう。

僕は『ｄａｎｃｙｕ』を創刊号から愛読しているのだが、初めてｄａｎｃｙｕ編集部員と出会ったのは、この「ずぶ六」のカウンターだ。ここで女性編集者と意気投合し、浅草の酔っ払い代表（？）として『ｄａｎｃｙｕ』の２０１８年５月号「美味下町。」特集に載せていただいた（記事の中の写真でも「ずぶ六」のカウンターで飲んでいます）。

その半年後、「ずぶ六」にビッグニュースが……。『ずぶ六』がミシュランに載った！」——その一報は飲み仲間からもたらされた。あの『ミシュランガイド東京２０１９』のビブグルマンに掲載されたというのだ。

「えっ！」と驚いたのは僕だけではない。店の常連も地域の飲食店の店主たちも、だ。もちろん「ずぶ六」の実力を過小評価していたわけではない。

「ずぶ六」は、知る人ぞ知る隠れ家的な、懐にもやさしい、渋くて目立たぬ小さな店。しかも、２０１７年に開店してまだ2年目だ。『ミシュラン』が選ぶ店は、もっとオシャレだったり、流行の先端を行っていたり、話題性に富んでいたりする客単価の高い店だという印象を持っていたから、逆に『ミシュラン』の実力を再認識させられたものだ。そして、その驚きは同時に「ずぶ六」に通っていた僕らを誇らしいような気持ちにもさせてくれた。

店主の谷口賢一さんは、宮崎生まれの東京育ち。池袋、神田、新橋など繁華街の忙しい居酒屋で働いた後、２０１７年に自分の店を出した。「ずぶ六」とは江戸時代の言葉で「ぐでんぐでんに酔っぱらった人」のことだ（その上に「ずぶ七」というランクがあるというのだから「江戸の飲み倒れ」恐るべし）。

しかし、この店には江戸の一杯飲み屋のような安っぽさはない。店名に「酒さかな」と謳っているように、日本酒も魚も肴もすばらしい。その魅力を数え上げると……。

【ずぶ1】

昔から美術に興味があったという店主のセンスが隅々にまで行き届いた店内と、器や酒器。

【ずぶ2】

奥津荘という酒場長屋の間口が狭く奥行きのある造りが生かされた、居心地のいい7席のカウンター。

【ずぶ3】

燗酒に力を入れた日本酒のラインナップ（冷たい酒10種類前後、常温とお燗15種類前後）。容量も90㎖、１２０㎖、１５０㎖と3種類あり、半合ずつ飲み比べができるのもうれしい。

【ずぶ4】

埼玉県三郷からチャリ通勤する店主が、その途中に足立市場で仕入れる魚は天然物。〝刺身盛り合わせ〟は、サイズ（Ｓ）でも大満足だ。

【ずぶ5】

ひと手間かけた日替わりの魚料理、季節の野菜料理などの肴も楽しみだ（肉料理は少ない）。本格的な和食は独学に近いというが、料理の旨さにもセンスにも舌を巻く。35種類ほどあり、５００円前後が中心。そのほかに約15種類の小鉢が一皿３００円、なぜか3皿で６００円という太っ腹！　このあたりも呑み助ゴコロをくすぐる。おっと、3種盛りのお通しも３００円だった。

【ずぶ6】

そして、忘れてはならないのが研究熱心で実直な店主。ワンオペでこれだけの料理を、この値段で提供する奇跡！　後光が差して見えるのは僕だけだろうか。僕は、いつも「安すぎる！」と文句を言い、ほかのお客さんから顰蹙《ひんしゅく》を買っている。

「ずぶ六」の世界にずぶずぶとハマってしまうわけ、おわかりになりましたか？

僕は職場の都立浅草高校でミニコミを出しているのだが、２０１９年２月に行なわれた「浅草観音裏 酔いの宵」という飲み歩きイベントに合わせて、同僚たちに「浅高・観音裏総選挙」を実施し、好きな店に投票してもらった。


結果は、グランプリ「ずぶ六」、準グランプリ「愛媛料理 笑ひめ」（１７６ページ）、第3位「食堂うんすけ」（１５２ページ）と、本書で紹介した店が上位を独占した（メデタシメデタシ）。本校の美術教員・甲斐健太さんは、「『ずぶ六』は『盛り』。どの料理でも芸術的な盛りつけがすばらしい」と評価する。彼は自作の「ぐい呑み」を店に置いています。

「ずぶ六」は、ひとり飲み客の多い店。なかでも女性のひとり飲みが目立つ。これは店主の谷口さんの魅力によるものか、はたまた酒や肴の魅力によるものか。その答えは、ご自分の目と舌でお確かめください。

上／小鉢のうるめいわし、青唐のしらすおろし、魚の肝煮。一皿300円なのに3皿で600円!?　拝みたくなるような価格設定。**下**／楚々とした白い暖簾と杉玉が「ずぶ六」の目印。

本日のお会計	
瓶ビール（サッポロラガー）	600円
突き出し	300円
冷酒〝いづみ橋 純米生酛 夏ヤゴ〟（120mℓ）	550円
刺身盛り合わせ（S）（この日は、鰯、白イカ、ホウボウ、小肌、鰹、イサキ。わさび、生姜、からし、塩を添えて）	900円
燗酒〝諏訪泉 純米20BY〟（一合）	850円
小鉢3皿セット（うるめいわし、青唐しらすおろし、魚の肝煮）	600円
計	3800円也

ママの所作は自然で無駄がなく、完成した串も美しい。

「焼鳥屋は、戦後の浅草・千束が発祥の地だ」という説がある。千束通り（浅草3丁目）に本店を構える外食チェーン「鮒忠」（1946年開業）の創業者・根本忠雄氏が鶏肉の串刺しを売り出し、それが1950年頃からのブロイラー普及とともに全国に広まり、根本氏は「焼鳥の父」と呼ばれた。

「鮒忠」は8月10日を「焼き鳥の日」（語呂合わせです）として登録している（「鮒忠」HPより）。焼鳥の食文化としての価値を国内外へ発信・普及していくことを目指す「全国やきとり連絡協議会」によると、焼鳥屋は幕末に誕生し、関東大震災後に屋台が増え、戦後に大衆化したという。「鮒忠」も大衆焼鳥店の普及の一翼を担ったといえるだろう。2018年、1872年創業の浅草観音裏にある割烹「草津亭」（元高級料亭「浅草田甫 草津亭」）が倒産し、事業譲受した「鮒忠」の子会社となった。時代を感じさせる出来事だ。

今までに175軒の焼鳥屋に行った。焼鳥屋は、やはり「ひとり飲み」が様になる。だが、大衆焼鳥というと、かつてはオヤジたちがくだを巻き、片手にお土産をぶら下げて千鳥足で帰っていく……というイメージだった。それが1980年前後から銘柄鶏や地鶏といった「ブランド鶏」を使用したワンランク上の焼鳥専門店が増えてきている。僕は今の浅草は、そのような焼鳥専門店の激戦区だと思っている。

1931年創業の老舗「銀座 鳥繁」出身の「鳥輿《とりこう》」（2010年開業・現在移転）、『ミシュランガイド東京』で焼鳥屋として初めて星を獲得した銀座「バードランド」出身の「トリビアン」（14ページ）、湯島「鳥恵」出身の「鳥なお」（2014年）、六本木「YAKITORI燃《もえ》」出身の

店名	**ちゃこーる**
ジャンル	焼鳥屋
住所	東京都台東区浅草4-14-6
電話番号	03-3874-0075
ポイント	女将 力 酒 肴
コメント	2013年開業。元「萬鳥（ばんちょう）」の焼き方が開いた。天城軍鶏に仏産鶉、鴨、ジビエもある焼鳥屋。

上／鶏を焼いて早20年。店主の高橋久子さん。
下／鶏は天城軍鶏がメイン。程よい弾力があり、豊かな旨味が広がる。

「喜実どり」（２０１７年開業）などまさに群雄割拠である。

今回ご紹介したいのは、その中でも異彩を放つ「ちゃこーる」だ。「ちゃこーる」は、浅草のフレンチレストラン「ラ・シェーブル」（１９９５年開業）が出した新タイプの焼鳥店「萬鳥《ばんちょう》」（２０００〜２０１３年）出身である。「萬鳥」は、フランス料理で使う鶏やジビエを、焼鳥の手法で食べさせる店だった。創業当初は、他のフレンチから「反則だ」と言われたそうだ。

そりゃそうだ。日本人の舌には、鶏はソースよりタレや塩で食べたほうが合っているに違いない。「萬鳥」の狙いは的中し、新丸ビルにも支店を出すほどだった。今では当たり前となった「ワインと焼鳥」を合わせたのも「萬鳥」がパイオニアだ。「ちゃこーる」のシェフ・高橋久子さんは、その「萬鳥」で13年間ずっと焼き手を任されていた。思えば、女性オーナーの焼鳥屋、女性の焼き手というのも珍しい（こちらでもパイオニアかな?）。

高橋さんは写真学校を卒業し、最初はカメラマンとして社会に出た。その後、浅草の人気居酒屋「もがみや」で調理を担当していた関係で、「萬鳥」開店時に声がかかった。実家を改装して店舗とし、２０１３年に「ちゃこーる」を開店。店名は、高橋さんの愛称「チャコちゃん」と「ｃｈａｒｃｏａｌ（炭）」を掛けたもの。これも焼鳥屋っぽくない。

店内が広いのは、スペースを要するビニールの裁断屋だった実家を改装したゆえである。一見カフェのようにも見える店内は、カウンター８

席にテーブル6席。でも、やはり焼鳥屋はカウンターに限る。

焼鳥屋のオヤジといえば、気合に満ちていたり、声をかけづらいオーラを放っていたりするが、「ちゃこーる」のママ（僕はこう呼びます。シェフではよそよそしい）の所作は自然で無駄がなく、完成した串も美しい。このような焼き手の仕事や、焼き上がっていく串を見て楽しむのも焼鳥屋の醍醐味というもの。焼鳥屋は、オープンキッチンのパイオニアといってもいいだろう。

「萬鳥」ではフランスのブレス産の鶏をメインに使っていたが、「ちゃこーる」ではいろいろ食べ比べた結果、伊豆で育てられる天城軍鶏《あまぎしゃも》をメインにした。平飼いの鶏舎で育てられた軍鶏で、繊維が細かく、旨味も豊かだ。それだけでなく、フランス産の鶉《うずら》や小鳩、バルバリー鴨、ほろほろ鳥、鹿などのジビエだって味わえる。

さらなる楽しみが、ホワイトアスパラやかぶ、むかご、ズッキーニといった季節ごとの野菜焼きだ。ワインもお手頃なものが多く、有料で持ち込みもできる。

素材へのこだわりと女性らしい美意識、非日常的な空間。観音裏には、こんな異次元の焼鳥屋もある。今までにない味に出会えること請け合いです。

右ページ上／フォアグラと鶏レバーのパテ850円。ワインとともに。**中上**／ホワイトアスパラ700円は、鶏の半熟玉子をソース代わりに。**中下**／うずら半身850円は、ブルターニュ産の鶉を用いる。**下**／ガラを炊いて塩のみで調味した鶏のスープ300円で〆。五臓六腑にしみわたる。**上**／店名は、「炭」と店主のニックネーム「チャコちゃん」から命名。一面グリーンの壁が印象的。

本日のお会計	
生ビール（アサヒ樽詰）	550円
淡路産玉ねぎ	400円
ホワイトアスパラガス	700円
グラスワイン	600円
フォアグラと鶏レバーのパテ	850円
ねぎま	350円
れば	250円
つくね	300円
鶏のスープ	300円
計	4300円也

店名	大根や
ジャンル	居酒屋
住所	東京都台東区西浅草2-8-8
電話番号	03-3841-4988
ポイント	女将 力 肴 話
コメント	1967年開業。女将はしびれるような江戸弁の使い手。浅草らしい粋な名居酒屋。

僕が最も愛する酒場は
「お母さん酒場」だ。
男はいくつになっても
母親から褒めてもらったり
叱ってもらったりしたいもの。

右上／お母さん考案の名物、出雲やきは和製ココットのよう。**右下**／浅草の裏路地。大根の紋が入った提灯が、今夜も客を招く。**左ページ上**／店主の安藤幸子さん。「女将さん、ママ、お母さん、安ちゃん。皆さん、いろんな呼び方で呼んでくださいます」。**左ページ下**／突き出しは鮪のブツ。添えた柚子胡椒が絶妙に合う！

吉村平吉という名をご存じだろうか。野坂昭如氏の小説『エロ事師たち』（新潮社）のモデルにもなった作家で、「元祖風俗ライター」とも呼ばれている。高見順氏、吉行淳之介氏といった作家らのネタ元でもあった（2005年3月死去）。

吉村氏は「平《へい》さん」と呼ばれ、誰からも愛されていた。浅草の裏の裏まで知り尽くした平さんが通った酒場の代表が、三ノ輪「中ざと」、ひさご通り「甘粕」、猿之助横丁「かいば屋」と「番所」（4軒とも閉店）、「正直ビヤホール」（180ページ）、西浅草「笹」。そして今回紹介する西浅草「大根や」の7軒だ。吉村平吉氏の著書『吉原酔狂ぐらし』（ちくま文庫）『浅草のみだおれ』（三一書房）に詳しく綴られているので、興味のある方はぜひ。すべてご存じの方は、かなりの浅草通！

僕の「飲み倒れ」の精神は平さんから勝手に受け継いだものだ。「かいば屋」は、野坂昭如氏、田中小実昌氏、色川武大氏らが集う文壇酒場として有名だったが、2010年に惜しまれつつ閉店した。ところがうれしいことに「しゅこう みやもと」の店内の一角に、金曜限定で「かいば屋」コーナーが復活！ かつての常連が集まっている（「かいば屋」については『dancyu』2019年7月号「東京の味わい方」特集で、「伝説の酒場」として掲載しているので、ぜひご覧ください）。

僕が最も愛する酒場は「お母さん酒場」だ。男はいくつになっても母

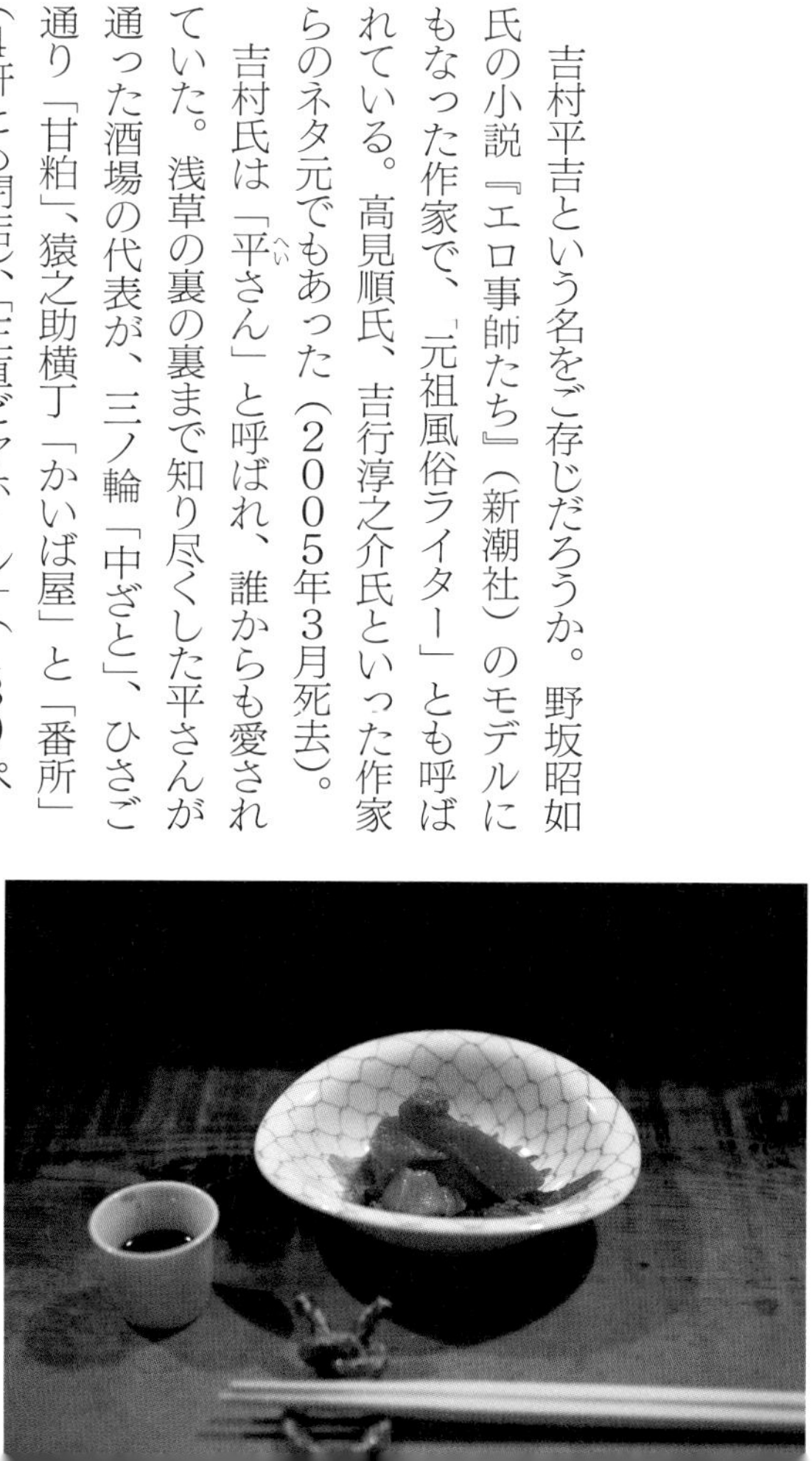

親から褒めてもらったり叱ってもらったりしたいもの。名物女将が一人で営む店に、男が集まるのはそのためだ。若いうちは「おねえさん」がいる店で遊び呆けていた男も、最後には「お母さん」の膝元に安住の地を求めるのである。その大切な「お母さん酒場」の一軒であり、「ひとり飲みの店ベストランキング」堂々の第1位に輝いたのが「大根や」である。これは僕だけではなく、このシリーズを撮影した写真家、担当編集者の三者の総意によるものだ。

「大根や」のお母さん、安藤幸子さんは、深川の生まれ。先祖は江戸時代、蔵前で札差《ふださし》を生業にしていたという。代々の江戸っ子で、ほれぼれするような江戸弁の使い手だ。サバサバして気風《きっぷ》がよく、江戸っ子女性の生きる化石として人間国宝に認定してほしいほどだ。

お母さんは、元は都バスの車掌さん。懐かしいボンネットバスの時代、当時の車掌は女性の仕事で（都電は男性だった）、切符を切ったり、バスを誘導したり、お年寄りの手助けをしたりしていた。1957年にコロムビア・ローズが「発車オーライ♪」と歌った「東京のバスガール」のモデルは「はとバス」のガイド嬢。労働者意識が高い都交通局の女性たちは、ジェンダーレスの考えから「バスガール」とは言わなかった。ちなみにお母さんは、バリバリの「60年安保世代」でもある。

1961年頃からバスのワンマン化が進み、他局に異動することもできたのだが、お母さんはキッパリと公務員を辞め、何と1967年にこれまでの職とは畑違いの居酒屋「大根や」を始める（さすが、ちゃきちゃきの江戸っ子！）。それまでは自宅から出勤していたため、米の研ぎ方さえ知らなかったという。店名は、「大根は身近にあり、煮ても焼いても何でもこなし、しかも過度に主張しない『野菜の王様』だ」という知人の話から決めた。

そんな見切り発車（車掌さんに対してゴメンナサイ）の「大根や」は、さまざまな人たちのサポートで徐々に軌道に乗っていく。料理は母親に一から教わった。店の看板とも言える松の一枚板のカウンターは、横浜の工務店が儲け度外視でつくってくれた。食器類は、区役所通りの店がお買い得の品をいつも教えてくれた。

食にうるさい松竹衣装のお客さんは、ご飯を一口食べて「炊き直し！」と命じ、できたご飯が合格すると、黙って1万円を置いて帰った。粋な客たちが粋な店へと「大根や」を育ててくれたのだ（発車オーライ♪）。1982年に閉館した「国際劇場」（「浅草ビューホテル」の場所にあった）で踊っていたSKD（松竹歌劇団）の女性たちも常連だった。彼女たちが好んで食べたのが名物〝出雲やき〟。トップスターだった千羽ちどりさんや春日宏美さんたちとは今でも交流がある。

8～10人座れるカウンターの上には日毎の大皿料理が並ぶ。まず楽しみなのは、この「おふくろの味」だ。もつ専門店で仕入れてつくる〝牛もつの煮込み〟も絶品だし、何より伊豆大島の〝むろくさや〟があるのがうれしい。そのにおいのせいで最近は焼いてくれる店が少なく、呑み助にとっ

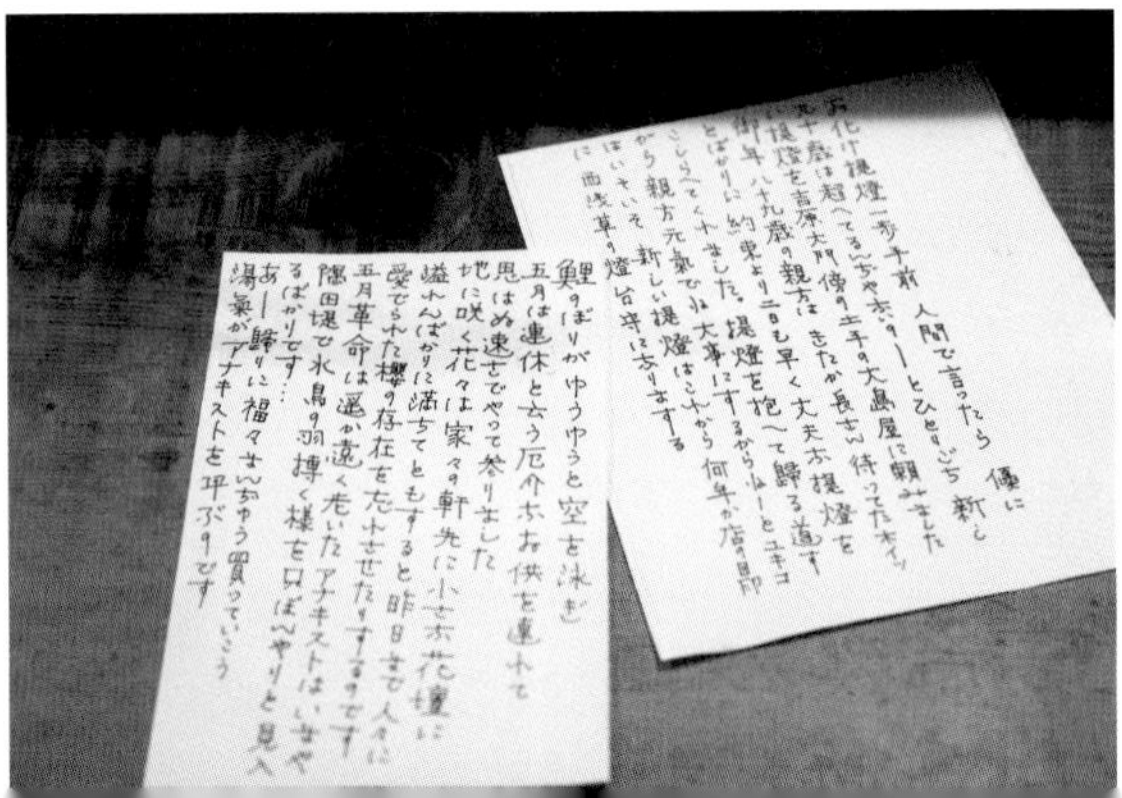

ては垂涎の逸品だ。

常連になると、「大根や通信」という件名のメールを送っていただける。専門誌で文章の仕事をなさっている姪っ子さんが3年ほど前から手伝って発信している。僕も、お母さんの手書きによる季節のあいさつを毎回楽しみにしている。

提灯だけでなく、お母さんこそが「西浅草を照らし続け、僕ら彷徨《さまよ》える酒飲みを娑婆から極楽浄土へと導く燈台守」だ。どうです、あなたも常連になりたくなったでしょ?

右ページ上／牛もつは牛もつ専門店で買い付け、丹精込めてつくる。臭みとは無縁。旨い！　**右ページ下**／お母さんの江戸弁もすばらしいが、直筆の文字も味わい深い。**上**／ご飯は毎晩炊きたてを用意。きゅうりの古漬け、みょうが、生姜を和えたかくやとともに、塩むすびで感涙の〆。

本日のお会計	
瓶ビール（サッポロラガービール）	600円
お通し（今日は鮪のブツ）	時価
お惣菜盛り合わせ	時価
ねぎもどき	時価
出雲やき	時価
むろくさや	時価
菊正宗、誠鏡 （各一合。 日本酒は700～1000円ほど）	
計	5000円也

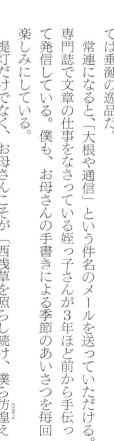

神林 桂一

1954年5月26日生まれ。東京都出身。教員生活43年。食べ歩き、飲み歩き歴46年。都立一橋高校時代から食のランキング・ミニコミを刊行（おもに職場で配布）。下町エリアを中心に酒場、定食屋、バー、和・洋・中・その他のエスニック料理店と守備範囲は広範囲に及ぶ。なかでも〝お母さん酒場〟には並々ならぬ情熱を持つ。食にまつわる書籍、雑誌、テレビ番組、一般的なランキングサイトなど、リサーチにも余念がなく、自作のデータベースには行った店・約9200軒を含む1万5000軒の店や食の情報が整理されている。2020年8月24日逝去。

写真……大沼ショージ
萬田康文
（カワウソ）
装丁……中村圭介
堀内宏臣
野澤香枝
（ナカムラグラフ）
校正……岡本美衣
編集……沼 由美子
江部拓弥

●本書はdancyu WEBでの連載「観光客の知らない浅草〜浅草高校・国語教師の飲み倒れ講座〜」（2019年4月〜2019年7月）と「観光客の知らない浅草〜浅草高校・国語教師の浅草ランチ・ベスト100〜」（2019年12月〜2020年3月）に修正を加えてまとめたものです。

神林

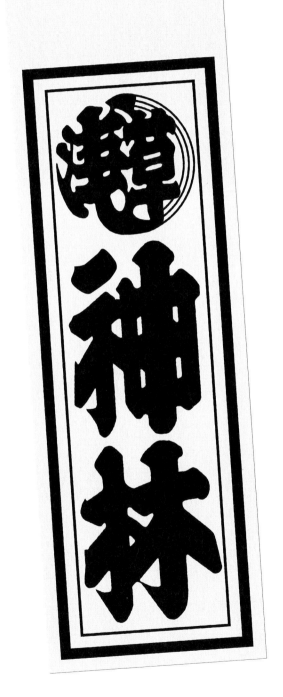

おわりに。

神林裕子

妻　「暑い暑いあの夏の日、さよならも言わず突然天国に旅立ってしまって、私を含めて周囲の人たちは茫然自失だったのよ」

夫　「申し訳ない。僕もまったく準備をしていなかったから戸惑ったよ。だから心残りがたくさんあるんだ」

妻　「あなたが旅立って数カ月後、『レポートした内容を書籍化しませんか』と編集の沼さんから連絡をいただいて、青天の霹靂だったわ」

夫　「前々からその話があったんだよ。僕がいなくなっても、実現に向けて尽力してくださったことに心から感謝だな」

妻　「人生最後の時間を使って遺したメッセージになったわね。日頃、おいしいお料理やお酒に出会うと、店のご主人に質問してマメに手帳に記録していたものね」

夫　「浅草にはすばらしいお店がたくさんあることを伝えたかったんだ」

妻　「浅草のこと、愛していたものね。お正月にも『浅草のあのお店に挨拶回りに行ってくる』とお昼から出かけたときは、内心呆れていたのよ」

夫　「日頃お世話になっているお店がたくさんあるからね」

彼はあることに凝ると徹底的に凝る性分でした。今までにも仕事関係では、国語通信・流漣連や水俣病、自分史新聞づくりなどを扱った教材研究、沖縄修学旅行計画、個人的趣味の築地への買い出し、スポーツジム、切手収集、家庭菜園、通信販売……。その中で、最も凝っていたのが浅草のお店とその人々でした。書籍やネットで調べることもありましたが、最大の情報源は店主や常連客の方々だったようです。最新情報を仕入れると、パソコンで打ち込みながら楽しそうに話してくれました。

妻　「あの当時も、コロナの影響が少しずつ広がっていたけど、あなたが旅立った後、飲食業界は大きな打撃を受けてしまったの」

夫　「心配だな。おいしいものを味わってもらうために、食材を探し、黙々と腕を振るっている料理人や、酒場のマスター、ママたちの姿が忘れられないよ。僕は飲食業界が復活すると信じている。できることなら、もう一度、おいしい料理をいただきながらお酒を味わいたかったたな」

神林先生の

浅草案内

（未完）

発行	2021年11月22日 初版発行
著者	神林桂一
印刷・製本所	凸版印刷株式会社
発行所	株式会社プレジデント社 〒102-8641 東京都千代田区平河町2-16-1 平河町森タワー13階 電話 03-3237-5457（編集） 03-3237-3731（販売）
発行者	長坂嘉昭

Printed in Japan 2021
ISBN978-4-8334-5188-8 C0026